广州医科大学 2016 年度校级思想政治教育专项课题研究重点项目,编号 L168024

先进文化传播文库　Xianjin Wenhua Chuanbo Wenku

辅导员开展心理健康教育理论与实践研究

赵　妍｜著

光明日报出版社

图书在版编目（CIP）数据

辅导员开展心理健康教育理论与实践研究 / 赵妍著 . --

北京：光明日报出版社，2020.4

ISBN 978－7－5194－5655－9

Ⅰ.①辅… Ⅱ.①赵… Ⅲ.①大学生—心理健康—健

康教育—研究 Ⅳ.①G444

中国版本图书馆 CIP 数据核字（2020）第 037313 号

辅导员开展心理健康教育理论与实践研究

FUDAOYUAN KAIZHAN XINLI JIANKANG JIAOYU LILUN YU SHIJIAN YANJIU

著　　者：赵　妍

责任编辑：陆希宇　　　　　　　责任校对：谢力勤

封面设计：中联学林　　　　　　特约编辑：田　军

责任印制：曹　诤

出版发行：光明日报出版社

地　　址：北京市西城区永安路 106 号，100050

电　　话：010-63139890（咨询），010-63131930（邮购）

传　　真：010－63131930

网　　址：http：//book.gmw.cn

E - mail：luxiyu@ gmw.cn

法律顾问：北京德恒律师事务所龚柳方律师

印　　刷：三河市华东印刷有限公司

装　　订：三河市华东印刷有限公司

本书如有破损、缺页、装订错误，请与本社联系调换，电话：010-63131930

开　　本：170mm×240mm

字　　数：181 千字　　　　　　　印　　张：17

版　　次：2020 年 4 月第 1 版　　　印　　次：2020 年 4 月第 1 次印刷

书　　号：ISBN 978－7－5194－5655－9

定　　价：95.00 元

前　言

守正笃实，久久为功。

——《史记·礼书》

辅导员是一个神奇的职业，被誉为"不可替代的崇高职业"，长期陪伴学生，离学生最近，工作紧跟党的步伐，围绕高校思想政治教育开展工作，脚踏实地、埋头苦干，具有"咬定青山不放松"的育人定力。辅导员，是辅助学生顺利毕业和引导学生成长成才的师长，时刻提醒学生既以学为主，又要学生存、懂生活、早规划人生。高校里的学习不仅仅是应试，还应积累知识、研究知识和运用知识，在毕业的那一刻厚积薄发。辅导员要时刻为学生提供各种信息，为学生铺设各种前进的道路、创造各种可能的条件，管理学生要以理服人，服务学生恩不言谢。辅导员是一份助人自助的事业，这里包含两层意思，一是助人者最终助己，所谓"赠人玫瑰手留余香""欲给人一杯水则先有一桶水"，要当好辅导员，就要学富五车，把知识积累到一定程度，自身也会得到质的提高，辅导员往往在帮助学生提高的同时，也练就了一身本领；二是帮助他人提升自助的能力和素质，此与心理咨询相似却又大不相同，某种意义上比心理咨询具有更高的政治要求。前者带有鲜明的政治价值引领，而后者强

1

调表达无条件的积极关注。我担任辅导员工作已21年，多年的工作经历激发了我撰写此书的欲望，使我有机会把工作经验上升到工作理论，把工作心得如数家珍般呈现在读者面前。

　　因为从小受母亲的影响，我立志要当一名好大夫而考上医学院，没想到毕业那年国家颁布政策实施大学毕业生"双向选择"，辗转曲折留校当上了辅导员。我发现"辅导员"这份职业仍然是一种新生行业，既不是单纯的教书，又要服务育人。摸着石头过河，我却找到了两者的共同点——助人，毅然放弃了我的医生职业。记得在医院实习那会儿，病人出院拉着我的手说以后还要找我看病，其他学校的实习同学把操作示范的我当成老师，医院科室主任对我的管床病记产生过极大兴趣，一位"巾帼英雄"般的外科带教老师培养了我的冷静……待我留校当上了辅导员后，虽然仍处于对职业的模糊认识阶段，但逐渐知道这也是助人的事业，便充满热情地投入到了这个岗位，一做就是21年。工作中挑战不断，一批批学生毕业，一次次助我不断开阔视野，我的工作思路随之也越来越清晰，越来越有规划。我乐于同各种专业的学生相识相知，虽然不断为学生的成长付出了不少精力，但实则我自己得到的更多。学生毕业时出色的表现和张扬的个性，令我引以为豪，是我多年坚持的动力。

　　岁月流逝得太快，还来不及抓住点什么，我却变得越来越执着，那些看似无谓的探索变得越来越有意义，曾经认为只不过是过客一样的学生现在却越来越让我走心。我曾经帮助过处于边缘状态的学生、参与过学生危机事件后的心理疏导处理，我把提升学生的意志力作为我工作的技术，由此培养了不少得力的学生干部和顺利升学读研的学霸。工作中我注意把握学生的特点，从整体与个别相结合的角度，既讲究教育效率又切合大学生个性特点，顺应教育规律。虽然大学生都是挤过高考的"独木桥"而来，知道很多的道理，却仿佛依然过不好他们想要的大学生活。作为辅导员，我既要为他们准确把脉，还要为他们开出药方，帮助他们无比坚定地走上职业岗位。所以，如果我心里没有底，就感觉自己如履薄冰，难以肩负厚重的责任。我希望在工作中找到有力的抓手，常常跟学生讨论这四个问题，"我是谁？""我在哪里？""我往何处去？""我如何到达？"。这其实是著名的古希腊圣哲苏格拉底的哲学三问，在此基础上多加一问就成了职业生涯四问。让学生回答这些问题，实则也在拷问自己，无数次的回答就变成了教育他们的理念。思考犹如涓涓细流，化成指导实践的理论，以助于他们发展，不仅为自身成长需要，也为社会需要。我感觉自己在教育学生时，能做到既尊重现实，又能帮助他们形成高质量高级别的理想追求。人总是要有理想的，这种看似务虚的方式实则激励着人们以务实的态度去实践，而辅导员成了引领他们追梦的角色。辅导员是大学生进入社会之前的最后一道"考卷"，过了辅导员这一关，日后他们在职业生涯中将会迈过更多的沟沟坎坎。习近平总书记说："功成不必在我，立竿见影的工作要做，基础的工作也要做，为后人做铺垫，久久为功，功在当代，利在千秋！"辅导员的工作就是需要"久久为功"的能耐，辅导员的事业就是"久久为功"的事业。

作为辅导员，我总是希望大学生勇攀高峰，做时代的弄潮儿，既然想了，就想大点，不因梦想一直在彼岸，也不因理想遥远而驻足，在遇到困难的时候不要轻言放弃。无论做人还是做学问，既要懂得静水深流的道理，又要坚信必有如爬山一样的收获，过了这座峰，还有更高的峰，不知不觉，你自己就成了别人想要翻过的峰。辅导员的工作就像一盒巧克力，永远都不知道下一颗是什么味，只有勇往直前去尝试，一颗又一颗。辅导员还像一本厚厚的书，是马克思理论中国化大众化的产物，海纳百川。辅导员就像水一样无所不在，越要善利万物，就越要自我净化、淡泊名利、宁静志远、勇往直前。辅导员要有过硬的本领，要掌握丰富的学识，知道得越多，工作才越有把握。辅导员职业素养涉及的理论广泛，包含政治、经济学、法学、哲学、心理学、伦理学、文学、人学、史学、社会学、新闻学、数学、统计学、物理学、计算机、生物化学、遗传学、流行病学、医学和网络知识等等方面。现成的理论很多，辅导员却不能照抄照搬，更不能也没必要照本宣科。辅导员就是思想政治教育理论的实践者，运用合适的、现成的理论解决实际问题，从而提升工作效率。辅导员还是理论提炼者，工作越来越体现职业化、专业化和专家化，一些好的工作经验确实需要升华成理论，一点一滴地传下去，所以我期待辅导员学科化。

辅导员在一线与学生密切接触，除了把控学生群体的意识形态确保政治安全，此外就是开展思想教育，既严格按制度和规定要求学生，又要在允许的范围内照顾学生并疏导其情绪，常常需要专业地评判其心理承受能力，把心理健康教育作为思想政治教育工作的必要补充，使之成为思想政治教育的好抓手，同时也作为思想政治教育的重要监测点。本书基于辅导员的角度运用心理学理论，立足于对学生提供职业化和专业化的帮助，既尊重个体心理规律，又研究和掌握团体心理发展趋势。本书力求在思想政治教育中充分运用心理学理论，却不受制于其局限性。心理学理论绝大部分源于西方，蕴含了很多西方文化和价值观，本书特别想提醒读者们尤其思想政治教育辅导员，在思想政治教育开展心理疏导工作的时候，一方面要尽可能弄清楚理论的来源与其适用条件，另一方面要以历史唯物辩证的观点指导应用理论，注意意识形态引导。

本人毕业于广州医科大学（原广州医学院）临床医学本科，后因留校担任辅导员，根据需要进修文科知识，先后在华南师范大学攻读了思想政治教育硕士、中山大学修读了应用心理学的同等学力研究生课程，期间还通过了国家职业指导师（二级）和国家心理咨询师（三级），2017 年考上东北师范大学攻读思想政治教育博士研究生（辅导员专项）。

　　我在辅导员岗位上已经 21 年，在工作经验上略有优势，尽管如此，我仍深感才疏学浅，很多理论仍在探索中，很多想法还在实践中。因水平有限成书的过程是极其艰难的，因为辅导员工作的特点就是日以继夜，总有忙不完的事儿，里里外外都要安排，领导老师学生都要顾及。早在 2016 年我就有写书的欲望，当时获得校级重点立项，出发点是要研究思想政治教育工作效果的监测点。在研究的过程中，不仅把我自己多年的辅导员工作重新检视了一遍，还把工作中辅导员运用过的理论都尽可能地在这两年内有意识地又运用了一遍，使教育思想和理论得到进一步巩固和发展也形成了新的理念。酝酿了近四年，遇到了这次光明日报出版的机遇，促使我在两个月内终于把自己工作中的心得记录了下来。这些都是我多年工作的些许心得，供辅导员同行参考指正，如果有大学生愿意将此书当教材阅读，个人感觉也未尝不可。我给大学生上课也都用了这些理论，评教评学反馈的积极评价不少，同时也有批评的声音。但既然我在辅导员岗位中待了这么一段说长不长、说短不短的日子，希望能有一些工作成果，证明辅导员是一份不高调却久久为功的职业。有时候事情结果可能没法准确预测，踏实度过这个过程才是最重要的，我很愿意通过这样的方式与大家分享辅导员工作的所思、所得。成书的这两个月国内外突发事件不断，两架波音飞机坠毁，我国盐城响水"3·21"特别重大爆炸事故、四川凉山森林火灾 31 名消防员殉职，还有高校研究生坠楼、名校研究生招生作弊、大学生相继急病身故、重病住院等事件频发。所有这些事情凑到一起，加上天气反复无常，真的让人郁郁寡欢。为了顺利成书，我起早抹黑，兼顾家里老人小孩，在校照顾新生和毕业生，完成了大量既定的工作任务。书中有一些想法还不够成熟，非常希望与读者们分享，产生共鸣，毕竟我们这一行需要更多久久为功的定力，希望产生一些"铁杵磨成针"的技术。

　　要感谢的人很多，首先是感谢广州医科大学的领导和同事们，能给予我重点立项，得到同事们不断地鼓励，我才断断续续做了四年的理论研究和实践探索；其次是感谢东北师范大学和我的导师张澍军老师，使我在东北师范大学脱产读博的这段时间，受到了很多启发。东北师范大学带领我们到清华大学、武汉大学和华中师范大学与思想政治领域的专家学者直接面对面请教和讨论思想政治教育问题。张澍军老师更是言传身教在思想政治教育研究中笔耕不辍、著作等身，我是在他的指导下完善了写作思维，并把理论系统联系实际展开辩证论述的。我还要感谢中山大学、华南师范大学曾经给予我的研修平台，在成书的过程中涉猎的不少心理学理论、思想政治教育的相关理论就是从中获得，助我畅游在知识的殿堂，与伟人"对话"，汲取了伟人大家们的思想精华。最后感谢我的家人，在写作中给予大力支持，帮我赢得充足的成书时间。

　　欢迎读者朋友们批评指正！这是我坚持的理由。

赵　妍

2019 年 4 月 10 日

目 录
CONTENTS

第一章

辅导员的职业追求是成为大学生的人生导师

高校里有着为数不多的一群人，平均年龄35岁左右，工作在教育最前沿，连接着学生和学校，与学生有特别频繁的接触，与领导、授课老师以及各个职能部门都密切联系，工作杂务多，琐碎，"下面一根针，上面千条线"，那就是辅导员。一直以来，辅导员有着各种称谓和代名词，"灭火队员""保姆""管理员""知心朋友"等等，但均不能全面科学地表达这个行业的内涵和外延。

辅导员是我国高校具有教师和管理双重身份的重要而且特殊的岗位，是在新中国成立后，为加强学生的思想政治工作应运而生的。肩负着加强和改进大学生思想政治教育并全面培养学生成长成才的重任，是引导大学生树立正确的世界观、人生观和价值观，指导培育和践行社会主义核心价值观的老师，也是维护校园安稳、化解学生与学生之间学生与学校之间的各种矛盾的政工力量。在《教育部关于加强高等学校辅导员班主任队伍建设的意见》《普通高等学校辅导员队伍建设规定》等政策性文件中强调："辅导员是日常思想政治教育和管理工作的组织者、实施者和指导者，是大学生的人生导师，是大学生健康成长的知心朋友。"

　　辅导员虽不是纯粹传授专业知识的老师，但不仅需要准确地传授知识，还需要成为使用知识管理的高手。鉴于该职业对大学生的整个成长会产生深远的影响，这种影响不仅只局限于校园内，在学生毕业后甚至在其以后的工作中依然存在，所以有必要对这个职业进行科学的剖析。辅导员在陪伴学生成长的过程中，其思想、言行、举止都会一点一滴地传递给学生。正因为如此，我们对辅导员的定位宜高不宜低、要求宜全而不宜偏，高校希望培养出什么样的学生，就要着力培养什么样的辅导员。辅导员的工作包括几乎所有学生事务，关怀生活、安抚情绪、干预危机等，要给予学生无微不至、雪中送炭以及朋友般的支持。"消防员""保姆"这些称谓远远不够，过于纯粹的称谓往往以偏概全，只有"人生导师"① 这个称谓才能概括辅导员工作的复杂性、专业性和科学性。而辅导员的状态也只有达到"人生导师"这种高度，才能把所有与大学生相关的思想政治教育工作和管理工作整合起来，把各种资源和力量调动起来、组织起来，把教育理念按部就班地贯彻实施起来。在实践中与领导、思想政治教育课老师、专业任课老师、党建团干组织员和班主任充分联合起来，才能在教育中把大学生全面地指导起来，思想政治教育才能融入整个高等教育的全员、全方位、全过程。这样，辅导员才能实质性地成为大学生健康成长的指导者和引路人。

---

　　① 2006 年中华人民共和国教育部令第 24 号：《普通高等学校辅导员队伍建设规定》。

一、辅导员的工作重在"导"

辅导员的工作从根本上而言具有意识形态性，而"意识形态在本质上是实践的""意识形态并不是纯粹空洞的东西，它具有意向性，即它总是指向现实的""人们之所以接受意识形态的教化，努力与意识形态认同，正是出于实践的目的"①。由此看来，辅导员的工作具有现实指向性和实践目的性，情形如同指南针，始终在"导"。辅导员的概念只有从内涵上具有了更高的科学性，其外延才更具有积极的实践性。

辅导员的理论是思想政治教育理论，这是马克思主义理论派生出来的学科，是年轻的学科，其定义却一直没有很明确。关于思想政治教育理论被认同的是"一定阶级、政党、社会群体遵循人们思想品德形成发展规律，用一定的思想观念、政治观点、道德规范，对其成员施加有目的、有计划、有组织的影响，使他们形成符合一定社会、一定阶级所需要的思想道德的社会实践活动"②。这个定义首先将思想政治教育的基本模式描绘了出来，其次把思想政治教育具有阶级性、实践性和规律性的特征指了出来，再次是强调了思想政治教育的目的，最后是高度概括了思想政治教育的内容。思想政治教育含义广泛，包括理想信念教育、爱国主义教育、公民道德教育和生态教育，连同非意识形态方面的工作、学习、生活方面的素质教育、心理健康教育、人际关系教育、人文关怀教育、诚信教育

---

① 俞吾金. 意识形态论［M］. 北京：人民出版社，131.
② 张耀灿，郑永廷，吴潜涛，等. 现代思想政治教育学［M］. 北京：人民出版社，2006：50.

和职业生涯规划一起的"综合教育体"，达到德智体美劳全面发展的目的。要想方设法把大学生培养成为建设社会主义现代化强国的合格建设者和可靠接班人，这就要"有组织、有计划"地系统开展课堂教学与非课堂教学或称"第二课堂"活动，涵盖党团建设、班级建设、校园文化活动、社会志愿服务活动、社会调查、劳动实践等。辅导员的具体实务包罗万象，除了上述"第二课堂"，还要维护教学正常运行秩序如考勤，掌握到课情况、出席活动情况、假期去向登记等。也包括贫困资助、勤工助学安排、科技创新创业，以助所有学生顺利毕业的"程式化"管理。所以说，辅导员工作"导"的前提是"装"，装进思想政治教育综合体这个"大箩筐"的各种教育措施均以实践为特点，促进人才养成为目的，"大箩筐"装得越多，其学科属性就越牢固，辅导员学科结构也会不断被拓宽与多元化。

　　辅导员的"箩筐"先毋论"筐"是大是小、是否满筐，既已"装"着各种实践措施，总会有量变到质变的发生，最终"化"为一个思想政治教育的"信息操控者"。辅导员就是要发挥思想政治教育信息的"导向性特征""转化性特征"和"创新性特征"①，以解决学生工作中不断出现的新情况、新问题。高校辅导员的工作对象是大学生，实质上是要引导大学生一步步走上职业之路，所以辅导员实质上"导路人"，是继幼儿园、小学、中学后的最后一位"启蒙人"。从"启蒙"上升为"导路"，其过程是高端技能的变"化"过程，"化"而再"化"的过程，即把实践育人上升为文化，继而文化"化"人。辅导员在"化"的路上不断修为，本身应具备很高

---

　　①　杨志平. 思想政治教育信息问题研究［M］. 北京：人民出版社，2015：36－39.

的素质能力，需要广博的学科知识。有四个方面的知识结构是比较认可的，即教育部指出的"思想政治工作知识、教育与心理知识、广泛的社会文化知识和一定的科学技术知识"①。因此，辅导员的"化"是建立在"高、全、准"的职业素养基础之上。

一是工作理念要高，符合形势的发展需要，始终处于最前沿的教育一线，在应对学生问题时，以先进的理念为导向，灵活运用各种技巧并沉着冷静地、高效地、向各层面负责任地拿出行之有效的措施。自党的十九大以来，思想政治教育工作就要在习近平新时代中国特色社会主义思想指导下，做好学生的世界观、人生观和价值观引导，贯彻践行社会主义核心价值观，做好学生的心理健康教育和职业生涯指导。"人生导师"的第一步就是要做人的政治引领，要熟练用唯物辩证法去分析和研判大学生当中的"不平衡不充分"的矛盾动态，抓住主要矛盾才能有效育人。辅导员切勿被学生反"导"，这就要求辅导员决不能"两耳不闻窗外事"，要经常了解国内外形势，加强学习，才能发挥政治引领的作用。

二是工作能力要全，有了"全"的基础，才能有更超强的可持续发展态势。目前各大高校辅导员的教育背景参差不一，存在偏文科或偏理科的现象，知识结构亟待统一，需要与工作要求拉近距离。学生的动态瞬息万变，需要辅导员不仅要掌握政治理论知识，还要有哲学、管理学、伦理学、心理学、法学、文学等理论知识。仅仅知道一点或者短时间内培训一点理论知识是远远不够的，还要在实

---

① 教育部思想政治工作司. 高等学校辅导员工作概论［M］. 北京：高等教育出版社，2011：22.

践中真正做到学以致用，需要反复历练和展示个人魅力。事实上如果辅导员能在工作中熟悉运用一些诗词、书法、音乐、舞蹈、武术等文化知识，确实能快速吸引学生的关注进而配合辅导员开展工作。如果还能掌握一些历史学、人类学、数学、统计学、化学、物理学、生物遗传学、地理学等等比较高难度的知识，辅导员就能达到"百科全书"的状态。大数据时代，还需要辅导员具有计算机编程、数据分析等技能。总之，辅导员的知识结构越完善，其工作就越精彩，学生就越崇拜配合辅导员开展工作。个人魅力无穷尽，对学生的指导才能活灵活现。尤其在处理学生异常行为的时候，如果没有扎实的辨析能力，就会陷入简单粗暴的"贴标签"局面。学生问题动辄纳入心理问题范畴，就会增加心理干预的成本，使真正存在心理问题的学生得不到识别和细心照顾。辅导员的工作具有辩证的智慧，坚决避免把复杂的思想问题与精神异常画等号，随意"贴标签"是不负责任的表现。遇到学生异常行为，应综合运用心理学、医学社会学和流行病学等知识，根据异常程度进行专业研判，必要时及时汇报和及时转介。这些处理措施逐渐规范起来，连同过程中的注意事项以及善后处理原则等，可以视为辅导员常规的、固定性的工作实务，通过各校工作指南，把这些经验上升为这个岗位的职业素质和职业要求，并且通过制度将这些素质和要求稳固下来。非固定性的工作需要辅导员发挥应急能力加以处理，目前各大高校的辅导员应急事务仍存在很大的发展空间。

三是工作使劲要准。有两层意思，一要准时，纪律要严明，通过考勤培养学生的准时意识；通过这样的方式培养可靠的意识，而要求学生做到的，辅导员要带头做到，任务一旦下发，就要准时完成。二要精准，学生工作繁杂琐碎，辅导员往往要同时解决好几桩事情，由于辅导员注意力有限，这就要在处理能力上"靶向性"准，应根据事情的缓急程度作先后处理。学生工作无小事，意味着事情的处理结果并不能以工作忙为由降低评判标准，这就要求辅导员对每一件事情都要全力以赴，精准发力，务求高质量完成，这种状态又是以"润物细无声"的方式影响着学生，当之无愧成为"人生导师"。

实践表明，辅导员的工作实务是先"装"后"导"再"化"，重在"导"。如果辅导员要在学生身上实现"导"的事业，能在学生身上找到自己的一点"影子"，就算"赢"了。

二、何以成为大学生的人生导师

心理是脑功能的反映，心理健康反映了脑的功能健康，所以心理健康教育是确保人脑功能健康运行的教育，实质上是对人提出适应各种新情况的出现而相应变化的要求。当前我国高等教育正处于改革开放中，习近平总书记在 2018 年全国教育大会上强调要"加快推进教育现代化，以培养德智体美劳全面发展的社会主义建设者和接班人为目的，要树立健康第一的教育理念"[1]。1990 年世界卫生组织对健康的定义为"躯体没有疾病，心理健康、社会适应良好和有道德"。高校培养人才就是要基于身心健康之上，不但强调学生没有

---

① 张烁. 习近平在全国教育大会上强调坚持中国特色社会主义 展道路培养德智体美劳全面发展的社会主义建设者和接班人 [N]. 人民日报，2018 – 09 – 11.

疾病和衰弱现象，还强调生理上、心理上、社会上乃至道德上均达到理想状态。实质上，高校学生的情况除了躯体健康，其他方面包括心理健康、社会适应良好连同道德健康均属于思想政治教育范畴。根据教育部 24 号令的文件规定，辅导员工作职责既要帮助学生树立共产主义远大理想，又要帮助学生养成良好的道德品质，引导学生养成良好的心理素质。做好校园维稳、贫困学生帮扶、就业指导、班级管理、学生干部养成以及组织协调班主任、思想政治理论课授课老师和党建组织员的工作。辅导员要成为日常思想政治教育和管理工作的组织者、实施者和指导者，就要给予学生成长成才的管理、教育和服务。这里的管理，不能再是"一管就死"的状态，教育也不可以再是居高临下地"灌输"，服务就要包括细致帮助、细心疏导以及耐心答疑，擅于结合大学生身心发展的特点，发现问题并妥善解决问题，达到"春雨润物、立德树人"的境界。可见对大学生的心理健康教育已逐渐占据辅导员的大量工作实务，逐渐成为仅次于意识形态教育的第二大任务。

心理健康教育在大学阶段也显得尤为紧迫。心理健康教育，与"心理卫生"一词接近，泛指运用心理学知识和技术，经由教育性的措施，增进个体的心理健康发展，培养健全人格，增强承受挫折和适应社会环境的能力，避免出现心理失常，进而达到心理成熟的状态[①]。身心健康一方面要求在躯体没有疾病的情况下减少人际和环境等引起的心理疾病，另一方面就算因躯体生病了也要降低因疾病或身体的缺陷而引发的情绪，出现了情绪也要很好地得到调节。要

---

① 邱鸿钟. 大学生心理健康教育［M］. 2 版. 广州：广东高等教育出版社，2012：3.

警惕非器质性病变引致的心理问题，如突发意外、丢失重要物品、丧失重要他人、身体过度疲劳所导致的"一过性"的心理障碍。特别在大学新生阶段，由于大学生进入了与高中阶段全然不同的生活环境，周围人群陌生，奋斗目标也明显不同，有部分大学生不能马上适应从而出现一般心理问题、严重心理问题、神经官能症和"一过性"精神病等问题。有的学生因为考上大学持续保持着兴奋状态分散了学习注意力，有的学生因为对考取的大学并不满意导致情绪低落，有的是因为课程内容太多、进度太快而跟不上学习节奏，有的却因为平日参加了过多的课外活动导致学习精力不足，种种原因最终导致了学业考试不及格。大学生在低年级学习阶段的学习效果对后续的学习影响很大，如果信心倍受打击，就会出现程度不一的厌学情绪，还会出现沉迷网络游戏或小说甚至足不出户等自我封闭现象。频繁参与学生活动的学生也会导致注意力不能集中和学习精力不足，还会因为作息时间不同步而与宿舍的同学出现人际失和现象。大学生到了高年级需要帮助的范围不断扩大，会受到升学、实习和毕业的三重压力叠加影响。每个阶段都有各自的特点，情绪变化的原因瞬息万变，需要关注的学生有增无减。辅导员是连接学校与学生之间的桥梁，直接受校党委领导，同时离学生最近，最能掌握学生的动向，也最知道学生的思想动态及变化，因而可以预测事情的发展态势，尽早干预学生当中可能出现的情绪。在危机出现的时候，辅导员应第一时间抵达现场，以最快的速度上报领导，尽最大的努力有效地把控事态发展。在学生党建工作中，从培育积极分子到发展对象到最后接收入党和发挥党员先锋模范作用，高校辅导员在每一个环节都发挥了极其重要的作用。

三、辅导员开展心理健康教育的今天与明天

WHO（世界卫生组织，1946 年）给健康下的定义为："健康是一种身体上、精神上和社会适应上的完好状态，而不是没有疾病及虚弱现象。"它包含了三个基本要素：（1）躯体健康；（2）心理健康；（3）具有社会适应能力。具有社会适应能力是国际上公认的心理健康首要标准，全面健康包括躯体健康和心理健康两大部分，两者密切相关，缺一不可，无法分割。心理健康和生理健康是互相联系、相互作用的，心理健康每时每刻都在影响人的生理健康，而心理健康最首要的意义在于社会适应，逐渐构成了"心理—生理—社会"健康模式，这与"生物—心理—社会"的医学模式是相区别的。医学模式标志着医学的发展逻辑的是从认识生物开始，进而认识心理，再而认识人以社会的形式生存，是以时间作为轴线。而健康模式是综合审视人的生存意义，从心理健康出发，维持生理健康，进而适应社会，最终发挥人的潜能促进人类的进步，是以价值作为轴线。两种模式关注的方面可以相同，但是内涵需求和权重比例却大不一样，前者研究疾病的发生发展转归、功能恢复和生活质量的提升，其中，心理调适疏导干预是辅助手段。后者是研究正常人如何更好地生存，不因心理失衡而生病，增强安全感，获得爱和归属感，受到社会尊重，最终水到渠成获得成功，实现人生价值。这与人本主义心理学家马斯洛的需要层次理论是相吻合的，反映了心理健康比生理健康更能发挥基础作用的意义。由此可见，心理健康教

育本身就是一门科学，有自身的规律，从事心理健康教育的工作者均应掌握其科学规律。

为贯彻落实教育规划纲要和《普通高等学校辅导员培训规划（2013—2017 年）》（教党〔2013〕9 号）精神，构建高校辅导员队伍能力标准体系，推动高校辅导员队伍专业化职业化建设，教育部于 2014 年印发了《高等学校辅导员职业能力标准（暂行）》（以下称《能力标准》），提出了辅导员的三个等级导向型标准。其中要求，中级等级以上辅导员要具备心理疏导技能，有效开展心理疏导工作，帮助学生调节情绪，能识别大学生心理危机的症状并进行初步评估和协助干预。《能力标准》要求高级等级辅导员成为心理健康教育专家，同时具备心理学相关理论、应用心理学相关理论和思想政治教育心理学相关理论。

"春江水暖鸭先知"，辅导员是与大学生接触最多的一线教师兼管理人员，因此他们最能掌握大学生的动向，主要包括几方面：1. 经济困难。2. 学习意志力差。3. 经受失恋、挂科、竞选落榜等挫折引发的抵触情绪。4. 角色不适应导致的人际矛盾。5. 创新意识薄弱和动力不足。6. 自我评价过高与客观评价存在差异引发的不适。7. 网络成瘾导致社会支持系统不健全。8. 家庭亲子关系不和谐等。当然，这些问题的发现和归类并不新鲜了，很多心理学大咖们已经根据这些现象做过系统研究，并开过针对性的"药方"。而辅导员一旦遇到大学生存在这些心理问题，就务必处理，若情况不紧急的则作一般谈话辅导，若情况紧急，则一边向上汇报，一边进行心理干预，必要时转介心理咨询。由于辅导员教育背景不同，往往处理方式也不相同，心理学理论和实践的培训变得尤为重要。

　　跟心理咨询不一样，辅导员总是要主动寻找问题，把学生的动态发展趋势提前掌握，并且有计划、按部就班进行分类教育。在对广州医科大学 467 名在校学生（男女比例 230：237）抽样问卷调查（见表 1 - 1）表明，在大学生活中遇到的困难当中学习困难最多，占 31.69%，其次是人际交友问题 17.34%、挫折问题 15.2%、团队合作问题 11.56%、经济困难 8.57%、情感问题 8.14%，其他 7.49%（包括身体问题、生活作息、上课进度快、时间分配不协调和自我约束难等）。其中，最受打击的问题是挂科 47.97%，其次是组织活动的时候当众出现纰漏 37.47%、失恋 21.84%、被重要他人误解 18.63%、实验失败 14.13%，被别人批评 5.57%，还有源自家庭方面、朋友方面、身体方面的困难。注意，会产生轻生念头的原因有：克服不了困难有 14.13%、疾病 12.21%、孤独寂寞 10.06%、情感失败 6.85%、被骗金额巨大 2.78%、其他 7.07%（包括精神压力大、怕死、不明白生活的意义、家庭不和睦、失去诊视的人、信仰破碎、人生无常、患不治之症）。同学们遇到困难的时候最先找笔记 60.1%、上百度 20.5%，喜欢求助同班同学的高达 61.88%，谁也不问自己想的 11.56%，只有 7.28% 会问辅导员或者 5.35% 找学生干部，其他还会求助部门同学、网友、父母、以前的好友、师兄师姐等。91.4% 的学生知道学校有心理咨询中心，但只有 1.4% 的学生去过心理咨询中心，原因有：33.2% 的学生怕浪费时间，4.6% 怕同学说有精神病，5.5% 怕咨询中心的老师告诉别人。75.37% 的学生愿意匿名填写问卷，28.05% 同意实名填写测评问卷，48.61% 愿

意到专业咨询机构、47.11% 希望通过沙盘游戏了解自己、29.76%
到附属医院精神心理科、校外专科医院 18.84% ，还有个别与朋友聊
天、自我鉴定等。

表 1-1　学生（467 名）表示最迫切需要在大学里得到的帮助

序号	选项	比例
1	提升解决问题的能力	73.88%
2	提升沟通能力	69.81%
3	提升实践能力	68.31%
4	提升创新力	66.38%
	提升团队合作能力	64.67%
5	提升意志力	61.03%
6	提升记忆力	55.89%
7	提升对事物的整体认知	55.67%
8	保持对事物的兴趣	55.46%
9	提升对事物的预测能力	44.33%
10	提升诚信度	28.48%
11	执行力、信心、国际视野、经济、成绩、身体、独立、胆量、统筹策划、抗挫折、使命和责任担当，等等。	<3.64%

可见，大学生总体上的自我要求与社会期待有相吻合也有差距。
辅导员的工作趋势可以理出这样一个思路来：首先要帮助大学生提
升解决问题能力，这是最普遍的要求；其次应特别提升对诚信、责
任、使命和执行力的关注，超过七成的学生还没有领悟到这些品质
的重要性，这与践行社会主义核心价值观的个人层面"爱国敬业诚
信友善"的品格需求还有距离；再次要结合心理健康教育而言，最
能体现能力素质的"意志力和记忆力"恰巧处于中游位置上，这恰

巧也是心理学的研究热点。记忆力是对事物整体认知和预测的基础，而在此基础上，需要引导发挥强大的意志力才能表现出本领。此外，还要培养大学生团队合作能力、创新能力、实践能力和沟通能力。人的能力强不强，可以考察他的解决问题的能力、解决问题的质量高不高，还要看效果是否符合团队或集体的要求。创新，是新时代"创新、协调、绿色、开放、共享"的"新发展理念"之首，培养创新能力实质上是培养核心竞争力，既为培养大学生心理健康教育提供具体途径，也为高校"培养什么人"做出具体回答。辅导员要满足学生这么多的需求，只有不断创建出彩的平台，引导同学们多参加各式各样的实践，才能真正体会到"辅导员陪伴大学生才是最长情的告白"的全部含义。

第二章

心理健康教育的职能

职能，简言之就是发挥什么作用。研究心理健康教育的职能，就是研究什么样的心理状态才是健康的状态，可以通过怎样的教育才能使个体原来就健康的状态为适应新的发展而继续保持健康的状态，或者使原来处于亚健康的心理状态逐渐向健康状态转变。而整个教育的过程不仅仅帮助了个体，而且对维护此个体的家庭和社会和谐产生积极的作用。最初引起全球对心理健康教育大规模重视的是在1908年，世界上第一个心理卫生协会在美国康涅狄格州成立。次年在纽约成立了全美心理卫生委员会，1930年在华盛顿召开第一届国际心理卫生大会，随后50个国家先后颁布国民精神卫生法，成立精神卫生协会、专项基金会，创办精神卫生刊物等，并且从关注精神病患者的小范围扩展到普通人群心理健康的大范围，涉及预防自杀、犯罪等社会问题的"大医学"范围。WHO从1991年开始把每年的10月10日定为"世界精神卫生日"，也称"世界心理健康日"，就是要提醒人们注意日益增长的心理问题，能否解决好心理问题已成为世界性的问题。

一、心理健康教育不限于心理学知识的运用

心理健康教育是一门综合性学科，是以心理学为基础，结合哲学、社会学、流行病学等多学科知识，通过一定的教育方式，向受教育者普及一定的心理健康知识，以达到使个体适应社会的目的，为家庭和社会稳定与发展发挥积极作用。随着社会不断发展，"我国社会主要矛盾已转化为人民日益增长的美好生活需求与不平衡不充分的发展之间的矛盾"，意味着心理健康涉及的问题范围不断变化，心理健康教育的定位和范围也不断扩大，内涵不断丰富。每年的"世界精神卫生日"的主题，表述从最初对精神健康、行动的积极关注，逐渐转为对心理健康的关注，从对女性、儿童、青少年群体的关注，发展到对老年人的关注，从对衰老、睡眠、精神创伤、抑郁的关注，发展到对沟通、责任、权益等关注，其定位从社会到家庭、从美好人生到快乐人生。如2014—2016年三年的精神卫生主题均为"心理健康，社会和谐"，2017年是"共享健康资源，共建和谐家庭"，2018年是"健康心理，快乐人生"，可见，"健康""和谐"是近五年来精神卫生的关键词，而心理健康教育已成为精神卫生的切入点。在我国，开展心理健康教育的目的，首当其冲是为了培养符合构建社会主义和谐社会要求的人才。在高校，心理健康教育已纳入思想政治教育的部分，使之与引导大学生树立正确的世界观、人生观和价值观密切联系起来，规定了学校的责任在于完善学生人格，良好的个性心理品质是培养正确世界观、人生观、价值观的重要基础。注重培养学生健全的人格和健康的心理品质，是体现学校

以人为本，对人的可持续性发展的负责态度。因此，心理健康教育是当代教育的必然要求，是高校实施素质教育的重要组成部分，是贯彻执行党的十五大所提出的"面向 21 世纪教育振兴行动计划"，以及落实"跨世纪素质教育工程之一"。高校心理健康教育首先要根据学生生理心理发展的规律和特点，运用心理学的教育方法和手段，培养学生良好的心理素质，促进学生整体素质全面提高。同时，心理健康教育还应受思想政治教育主导，为培养大学生成为德智体美劳全面发展的社会主义建设者和接班人而实施综合性教育。因此，心理健康教育还不能只局限于心理学知识的运用。

　　问题是，目前在进行心理健康教育的时候，往往没有统一的规定使整个教育过程不够规范，但着眼点仍然在于效果，即学生是否已具备问题解决的心理素质和能力。问题解决在心理学上是特指一系列的思维操作，由一定的情景引起、按照一定的目标进行，用上各种认知技能，使问题得以解决的过程。而认知技能是包罗万象的，除了使用心理学的各门派理论知识外，还有哲学、社会学、政治学等理论知识，不必一概而论一定要用哪家的理论才最奏效。于是，纳入思想政治教育的心理健康教育，就有了一个大前提，即规定了心理健康是为谁服务的问题。其中，"问题解决"本身就有着多重判断，比如"1＋1"，也许"＝2"是最直接、最正确的回答，但是如果在单位不一致的前提下，"1（只）＋1（支）"，答案就不能"＝2"了，可见简单"叠加"就成了一个误区。如果我们在引导学生提高"问题解决"的心理素质和能力的时候并不强调前提，那么，问题解决的质量就不可能高，甚至不得要领。高校是一块"试验田"，可以提供很多平台和机会给学生演练各种"问题解决"技术，但是这种"演练"毕竟很有限，当"象牙塔"的大学生走进形形色色的社会时就会"犯傻"，比如陷入网贷、传销骗局等，很可能就是"问题解决"的能力有限。

从历史的角度看解决问题的质量最可靠，成功的例子当数中国共产党取得新民主主义革命成功、改革开放 40 年取得辉煌成就等。这些成功案例是群体的、宏大的，思想政治教育在当中发挥了极其重要的作用，是党的"看家本领"，展示了一套科学的、行之有效的认知技能和方法，而其中用到的"理论武器"，就是"马克思主义理论"。马克思执笔《共产党宣言》中指出："当人们谈到使整个社会革命化的思想时，他们只表明了一个事实：在旧社会内部已经形成了新社会的因素，旧思想的瓦解是同旧生活条件的瓦解步调一致的。"毛泽东在《矛盾论》（1937 年）中说道："事物的矛盾法则……不得不涉及广泛的方面，不得不涉及许多的哲学问题。如果这些问题都弄清楚了，我们就在根本上懂得了唯物辩证法。"习近平总书记在党的十九大报告中详细论述了社会主要矛盾的改变，并且在全面从严治党中强调"坚持问题导向"。可见，以马克思主义理论作为问题解决的认知技术，是基于实践的、辩证的思维，它在高校具有意识形态主导性，并且还具有批判性、革命性等特点。革命，意味着彻底的改变、质的改变，而不是不痛不痒的局部量变，如果是一种觉悟，就应该是大彻大悟。

在"问题解决"之前，我们不妨先来探讨一下学生问题的根源。学生以学为主，无论是应试教育，还是素质教育，落脚点均在于学业成绩如何。所以，在高校，大学生的学业成绩始终牵动着千万家人心，在排除了安全问题之外，最大的问题就是考试挂科的问题，以前是，现在依然是。大学生都是挤过高考独木桥的佼佼者，为什么还会出现挂科？原因是多方面的，一是知识量剧增，原来的学习能力不够用；二是刚进入大学不适应，没人从旁严格管理就不会主动学；三是对所学专业没兴趣，有的专业难度过高掩盖了之前的兴趣，比如医学、法学等"想说爱你不容易"；四是学生参加校园文化活动过多，没有平衡处理好学习与工作的关系；五是手机功能太多、内容太丰富有趣，每天 24 小时陪伴大学生；六是其他未明原因。目前，挂科最多的极端案例每个学期全部科目均不及格，其中，归因最多的就是"手机"，使手机与不及格呈高相关性。问题来了，家长们的普遍反映就是收回智能手机，请老师监督子女在校学习。然而，仅仅把状态打回高考备战状态，这样问题就解决了吗？若没有一定功能的手机，很多工作就没法及时完成，就算奏效一阵子，也依然会在其他方面出问题，比如待参加工作以后，仍不会处理手机和工作的关系。有个别学生就算用低档手机，也还会出现多门课程不及格，还有个别学生特意不参加考试而申请留级，最终也未取得实质性的进步。可见，这种限制使用手机的类似"头痛医头，脚痛医脚"的办法只能是治标不治本，学生能自觉抵制才是治本。所以手机是个"替罪羊"，学生不能自觉抵制手机诱惑的背后必定有更深层的原因，这个原因才是导致不及格的真正原因，只有找到真正的原因并加以解决，才能真正帮助学生自觉抵制手机诱惑，找回学习的乐趣，从而恢复意志力，继续学下去。有时真正的原因，往往不能马上找到，还需要有人从旁引导和分析，帮助当事人自己能认知到存在的问题且自行产生纠正毛病的念头和意志力，才有可能"治本"。有时候"病因"未明之时，以"治标"为权宜之计，比如认知技术、心理疏导技术，但依然要坚持不懈地寻找问题根源。有的问题是原则问题，不能犯，一出现就已触犯底线，越要远离底线，就越要志存高远，这就是管理学上的"等车思维"，为准时到达目的地，就要提早至少半小时出发。

　　因此，很有必要开发思想政治教育的"问题解决"技术路线。马克思主义理论是不断丰富和发展的学说，其研究对象是自然、社会和思维发展的普遍规律，是无产阶级的科学世界观和方法论，其研究方法是紧跟时代步伐，继承与创新、在实践中历练，政治立场为先、追求每个人自由而全面发展。马克思主义作为我党的指导思想，坚持与中国具体情况相结合，从实际出发，在实践中不断发展新理论。思想政治教育就是马克思主义中国化的新学科理论，"是一定主体对一定客体进行的以改造主观世界为出发点、以改造客观世界为落脚点的特殊实践活动。"[1] 从这个角度看，思想政治教育是人与人交往的过程，是实践者把自己的意志通过教育传输给受动者最终发生改变的实践活动。而这个实践活动是如何"与众不同"地运行起来？以下参考物理学研究"黑匣子"的方式进行探讨思想政治教育的技术路径研究。

　　首先描述思想政治教育"问题解决"的基本模式。思想政治教育通常是以目标为导向的单向性进行的"靶向"教育，重视自上而

---

[1]　教育部思想政治工作司. 思想政治教育原理与方法 [M]. 北京：高等教育出版社，2010：91.

下的过程，目标明确，但是当动机过于激励则会发展成行为主义，结果却往往事与愿违。上级意志如上级观念、概念、指示等从施动者向受动者方向流动，可具体表现为单位的党委领导对员工的指示要求、学校老师对学生的要求。其中，受动者可以是一个人，也可以是一个群体；要解决的问题可以是针对解决一个人的问题，也可以针对一个群体的问题，采取的形式是个别谈话或者集中开会。"基本模式"是思想政治教育常用的模式，但常常存在实效不清的情况。例如，老师批评大学生上课高频使用手机，要求学生改善课堂行为，学生第一反应总是很抗拒，认为自己只不过用了手机，并不是自己本质变坏，所以会以各种理由拒绝接受老师的建议。还有时辅导员召集全体开会，个别学生很在意辅导员反馈的问题，却不认为自己也存在这些问题，就会抱怨辅导员浪费时间并且提出要提高会议效率的意见，往往在辅导员反复解释后才让学生意识到某个问题确实是个大问题。

在问题解决中，总会遇到历史问题尚未解决而新问题又至的情况，这就需要结合形势的判断，与"社会需求"契合。例如，课堂上老师很难接受引导学生使用手机的教育理念，在这种情况下，学生与授课老师之间很可能达不成手机使用的共识，有可能老师被学生在课堂上使用手机的现象激怒到"深恶痛绝"的地步！而学生依旧默默地在老师眼皮底下用着手机，双方形成了博弈状态，到底哪一方的观点是正确的？习近平总书记提出的，可以参考或许"五位一体"的思路寻求突破口。"五位一体"是我党十八大提出、十九大推进的建设中国特色社会主义总布局，即经济文明、政治文明、社会文明、文化文明和生态文明五个方面，体现了我们党对于中国特色社会主义的认识达到新境界，党在十九大报告中强调统筹推进新时代"五位一体"总体布局，站在新的历史方位，更好地推动人的全面发展和社会全面进步。

　　当前手机使用缺乏生态文明的认识，有生态专家如此解读手机上网："手机网络化实现了人人消费"，却"彻底地解构了人类积累起来的真正的求知方式和真正的学习方式"，使"学习浅表化，知识碎片化"①。辅导员可把这一理念引入问题解决的思维范式，向学生普及网络资源的有限性以及24小时不打烊的消费弊端，强调人的情感若过度受网络影响将变得被动，试图从环保的角度激发学生对手机上网的自我约束，这种措施既符合社会需求下的"价值观标准"，又因为强调生态环保易激起学生的共鸣。党的十九大报告对于生态文明建设和绿色发展高度重视，既要满足日益增长的美好生活需要，又要让绿色、生态成为生活消费的新导向，从生态文明的角度加深学生对手机上网过度的危害认识，对使用过度展开广泛的舆论批评，个人价值观和行为取向也必然会受到影响。辅导员可以在第二课堂活动中，组织学生参观校外爱国主义基地、举办主题班会讨论学习党的十九大精神，培育和践行社会主义核心价值观，激发建设美好家园的愿望，引导把环保作为健康的校园文化，陶冶学生的情操，为问题解决营造氛围。当然可以从政治层面大刀阔斧一些，制定与生态文明相关的校规制度去明令禁止，引导舆论的功能。但纯粹通过制度的方式也很难彻底解决问题，还需刚柔结合。当说服已基本

---

① 唐代兴. 生态化综合：一种新的世界观［M］. 北京：中央编译出版社，2015：11.

达不到效果时，配合开展一些活动，活动当中给予经费运行保障，问题解决就能更彻底一些。可见，在思想政治教育的保障措施中，除了制度，经费也是相当重要的。教育活动涉及钱也并非功利主义，马克思主义有一系列的观点论证经济与社会的关系，揭示并批判了现实中人与人之间的物化，可以这么认为，校园当中的人际关系通过活动的形式在一定程度上也可以建立在适当的经济之上。既然有"物化"的现象，那么就把"生态文明"的理念融入课堂停用手机的理念当中去。一旦在课堂上学生使用手机的人数减少就要有一定的表扬的奖励，逐渐使之成为校园文化，一旦活动形成文化氛围学生对老师发出课堂上勿使用手机的提醒就可以欣然接受，学生评价这项限制使用手机的措施的语言也会增添更多积极的元素。

思想政治教育解决问题的运行模式如图2－1。

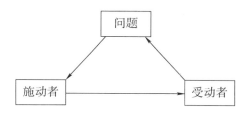

图2－1　思想政治教育的基本模式

其次，思想政治教育还可以引入评价模式。评价对语言有极高的要求，如果评价的语言含糊，对问题何以成为问题就会存在模糊的认识，使问题解决的落脚点也变得含糊，最终陷入进退两难之境。问题悬而未决，学生的满意度则徘徊不前，教育效果也很难落实。因此很有必要研究思想政治教育的"评价模式"。此模式将学生的满意度作为导向，可操作性更强，需要360度评价，稍微哪个环节薄弱一些就会出现偏颇，问题看似解决了其实未必，实则评价才是问题解决的终点。形同做一个课题，论文写出来还不够，能否发表并实现其价值才是最终的目标。实施教育的原本的初心也是为了迎合社会的需要，只是经过了不同的思维范式、不同的人际关系处理后，有可能与目的发生偏离。综合老师和学生双方的评价有助于提升问题解决质量。而且，提高评价的即时性也能更好地提高思想政治教育的实效。目前，高校实施综合测评，但大多欠缺"时效性"，学生参加各种教育教学活动太多，过了很长时间到综合测评的时候才发现没有及时记录，使评价效果大打"折扣"。随着互联网的介入，各种平台软件的使用可以弥补"时效性"这一不足。比如，学生参加活动的时候直接传图到平台就产生考勤数据。一段时间后，学生可以从这个平台查到自己账户的"第二课堂"成绩单，汇总各种活动，转化成数据并进行大数据分析，使思想政治教育实效量化，使其评价的可操作性得以提升，实效性也在增强。

再次，辅导员工作中"问题解决"还需要建立思想政治教育"循环式"。图2-2即在评价模式的基础上融入心理机制。在"循环式"中，把容错纠错的心理活动如同水一般充斥在各个环节，使"问题解决"不再机械化，流动的机制使问题解决更加游刃有余，更润滑和谐。"循环式"有以下几个积极含义：一是循环思维体现了思想政治教育自我革新和不断拓展的特性。工作中解决问题的途径很多，解决思路也很多元。在群体中实施了思想政治教育，不论个别谈心，还是集体开会，总是有效果的，这是思想政治教育"自信"的一面。但效果总有差异性，有的推进慢、有的不到位，客体主体化不是思想政治教育的全部，个体差异性大是个事实，确保的是意识形态性。发挥政治的作用，完全靠个体自觉的推进是走不远的，需要制度保障。有些问题陷入困境，可以参考马克思主义理论、中国化的马克思主义理论、党的方针政策及方略，特别要从"政治、经济、文化、社会和生态"五位一体的角度源源不断地找到相应的突破点。二是"循环式"运用思想政治教育理论体现了辅导员工作的科学化技术含量。首先这意味着思想政治教育不仅仅是机械的技术，它还是艺术。艺术充满了美感，常常被人们所推崇。然而艺术却道不清、说不明，单纯提高工作的艺术性也还不足够，还需要踏实的可操作性抓手。规则、目标、效率是反映思想政治教育的技术性指标，也是学科发展的需要，与艺术并非对立，而是两者融合。其次这还强调了思想政治教育的实践性，党的十九大报告指出，进

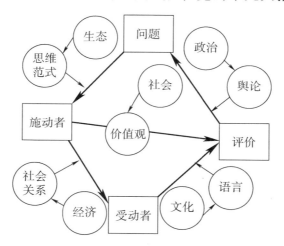

图 2-2　辅导员工作，"循环式"思想政治教育

思想政治教育，用"➡"表示；中介，用"○"表示；发挥
中介作用用"→"表示；五位一体对中介因素产生的影响。

入新时代，我国社会主要矛盾已经转化为人民日益增长的美好生活需要和不平衡不充分的发展之间的矛盾。不平衡不充分的问题需要心理健康教育的解决思路和解决方式，在实践中检验思想政治教育的技术性和艺术性，使辅导员工作的学科意味更浓。

心理健康教育纳入思想政治教育，是辅导员工作发展的一种归宿之一。作为思想政治教育的有效补充，把思政课老师的工作和辅导员工作融合起来，使教育渗进更多的"润滑剂"，真正有助于大学生成长成才。

二、辅导员开展心理健康教育的目标

高校思想政治教育把心理健康教育纳入其中，是要发展心理健康教育的理念——"健康的一半是心理健康"，强调在大学生身心健康当中，尤其要关注心理健康。其一是因为大学生处于一个非常特殊的人生阶段。根据德裔美籍新精神分析派自我心理学创始人埃里克森（1950 年，1963 年，1968 年）的"八阶段"人格终生发展理论，人在每个阶段都需要完成社会给予个体不同的任务，如果某个阶段完成的质量与社会需求存在不平衡则会使个体内心产生冲突和紧张感，就会影响下一个阶段任务的完成。大学生所处的 18—25 岁的阶段属于成人初期，需要体验爱，解决"亲密 vs 孤独"的任务，如果解决不好这个问题，就会造成前一个阶段的"自我认同"混乱，进而影响整个成人阶段的创造性任务完成，即"繁衍 vs 停滞"，甚至影响老年阶段对"自我完善 vs 绝望"的评价。其二是因为大学生是高智商群体，辅导员在实施这个理念时，是要在这个基础上发展出导向性功能，强调为德育服务。高校德育实际上就是开展思想政治教育，而辅导员有效实现导向性功能则推进了思想政治教育学科化进程。

　　思想政治教育学科化实际上是中国特色社会主义教育事业发展的产物，是新时代的一线工作者在学生工作的实践中综合运用了多门学科知识后的思维范式，是对包罗万象的既有学科的知识在学生教育中的运用后的理论"二次提炼"。既不放弃传统经院式的学科思辨，以此作为学科化的基础，又紧跟新时代步伐，海纳百川，把先进的、有操作意义的程序性知识提炼出来，充分体现"自我完善、自我更新、自我革命"的理论发展特性。那些在工作中被稀释掉、摒弃掉、淹没掉的思想和手段，很可能就是落伍的思想和落后的手段。在高校，"辅导员就是学生一线工作者"，全称是"思想政治教育辅导员"，是在高校党委领导下设立的管理干部。我党早在江西瑞金创办的中国工农红军大学就有"政治指导员"制度，最初是管理性质的岗位，至今依然是"维护校园和谐、安全与稳定"的政工。随着高校思想政治教育"德育为先""立德树人"的目标理念不断突出和强化，尤其在进入新时代为解决各种不平衡不充分的问题，需要遵循科学化路径，符合规范标准的要求下，辅导员实务的教学科研性质也逐渐明确。在党中央的高度重视和领导下，辅导员作为"教师"的功能不断被开发出来，为"辅导员队伍建设"制定了职业规范体系，构建了知识体系和课程体系，明确要求辅导员发挥"政治引导能力、学业与就业的指导能力、生活情感的辅导能力、心理困惑的疏导能力和危机处理的应对能力"。辅导员工作关键在

"导"，多年来整体效果经得住各种考验，不仅推进了高校思想政治教育进程，更逐渐走上了专业化之路。

教育部于 2014 年 3 月 27 日印发了《高等学校辅导员职业能力标准（暂行）》（下简称《标准》），分职业概况、基本要求、职业能力标准三部分。对辅导员的职业定义、职业等级、职业能力特征、基本文化程度、政治面貌要求、培训要求、职业守则、职业知识均明确做出规定。《标准》是对辅导员职业的具体指南，是推动辅导员实务专业化、职业化的重要举措。在辅导员的初级、中级、高级不同阶段都在职业功能、工作内容、能力要求、相关理论和知识四方面，列表明确具体要求和目标，并且随级别递进。特别在大学生的心理健康教育方面，有了比较明确的目标，如初级辅导员（1—3年），要有一般心理问题调适能力，引导学生良好的心理品质、纠正学生学习中的不良倾向、适应大学生活、化解学生当中的矛盾、依法维护自身权益、宣传健康理念、研判网络舆情、开展就业观和择业观教育、危机事件基本处理能力等；中级辅导员（4—8年），要能初步识别心理问题、心理障碍和精神卫生并相应转介，有效开展心理疏导工作，做到采取灵活多样的形式开展形势和政策教育，解决学生深层次思想问题，帮助学生有效调整学习习惯和学习方法，帮助学生认识自己的职业能力、澄清职业取向和明确职业发展目标等；高级辅导员（8年以上），要对马克思主义理论、党建理论，有较深研究，同时具备二级心理咨询师资质，为学生提供心理咨询，教育讲授心理健康教育课程，熟悉知识理论并运用于指导思想政治教育、就业创业指导、网络干预、公共危机处理等。

　　既然辅导员的指导理论是思想政治教育理论，那么辅导员开展心理健康教育的目标就要在这个理论的框架下设定。辅导员开展心理健康教育的目标首先是做学生的知心朋友。当好一个辅导员可不容易，需要练就敏锐的职业视角，以适应瞬息万变的形势和现实。辅导员一边开启思想政治教育，一边要打开心理健康教育的思维模式，这就需要工作方式不断推陈出新，避免刻舟求剑。既吸引学生的配合，又要对学生强有力的约束。这非常考验辅导员看问题的角度，关键是找准了主要矛盾并果断介入，可以用上心理咨询的参与性技术和影响性技术，反复解释、仔细倾听，无条件积极关注，耐心、细心地了解学生产生问题的原因；可以参考行为治疗法如系统脱敏法、想象厌恶法、强化法、思考停止法，还可以采用一些精神分析学派的方法比如投射、移情、梦的解析等。拉近与学生的心理距离，也要注意保持物理距离。其次要做学生的人生导师。这是辅导员高尚的职业追求。以往辅导员曾被唤作"消防员""保姆""打字员"等等，这一类单调角色已然不再适宜代言当下工作状态的辅导员。辅导员开展健康教育是以学生成长成才为目的，所以既要帮助学生养成良好的道德品质，又要做学生的人生导师和知心朋友。辅导员政治素质过硬、觉悟高、责任心强、心理承受能力大，积极领悟新时代党和国家、学校的工作目标和主要任务，主动帮助学生分析问题，找对策却不掺杂负面情绪，既照顾全局，又关注细节；既柔性照顾学生情绪，又刚性维护制度运行；既解决眼前，又展望未来；既高调做事，又低调做人。辅导员与学生最接近，最了解学生的所思所想，辅导员一半代表着学生的心声，另一半却代表着学校的立场，受学校党委和学生工作部领导和委托。毕竟站得高，视野才能更开阔。也只有辅导员这个角色才能比高校中的其他专业课教师能更有效地打开学生工作的思路，使引导学生观念发生改变具有可行性。再次是为高校育人贡献"中国方案和中国智慧"。辅导员是中国高校特有的职业，目前全国高校包括高职院校的专职辅导员已超过 13 万人，在党和国家的高度重视下此职业正在逐渐朝着职业化方向发展。辅导员毕业于各种专业，入职后通过职业培训、进修和攻读更高学位等全面覆盖思想政治教育的理念，统一认识，不断丰富思想政治教育学科蕴含，并已内化生成一种可与世界接轨的、可操作性强的、较心理学教育更上一层楼的教育职业技能。既符合意识形态的需求，也符合人才培养的规律。实际上，辅导员接受的教育越多，涉猎的学科门类知识越复杂，其工作能力则越强，思想政治教育的效果就越显著，这也是使辅导员开展心理健康教育职业化、专业化、学科化成为必然的发展趋势。近年来辅导员队伍不断涌现出有影响力的专家和学者，全国各省市推进高校创办"辅导员工作室"，每年教育部评选"全国辅导员年度人物"，这些举措就是要肯定辅导员工作的成绩，不仅把成功经验在全国推广，更要做到"面向世界的发展"。

三、大学生心理素质水平成为辅导员工作效果的监测点

要考察辅导员的工作效果，就是检查思想政治教育工作是否到位，把学生的各项指标作为监测点，"唯分数论"不能再作为考查学生工作的唯一监测点。综合测评是多年来高校用来评价学生在校整

体情况的测评工具，基本由"德智体美"按权重构成。除智育和体育的分数争议较少外，德育和美育则显得空洞，抓手不够，学生在这两项得分的公允性不强。高年级学生由于第二课堂的活动较少，得分的差异性不明显，排名基本靠智育；低年级学生在德育方面的得分差异较明显，由于参加第二课堂的活动多，有德育得高分的学生本来按学业成绩拿不到奖学金，所以学业排名比较后的学生反而因为德育分高跃到了前列，因此有学生对综合测评产生质疑，存在困惑，到后来就放弃了"上进"的念头。而美育分数也因缺少量化而一直拉不开距离。因此，应考虑把考察范围扩大，把道德认知、价值观、个性、兴趣和意志力等作为监测点都量化纳入考评范围。道德认知的成熟量表有不少，而人的道德认知、价值观、意志力可以在短时间内有效测评出来，在近几年逐渐兴起。比如道德认知，我在工作中使用科尔伯格的道德认知测试已十余年，用以了解学生的道德水平，是指导思想政治教育方向的一个很好的工具。还有价值观测试，是近年来职业规划、就业指导中发展起来的教育理念，改变以往将职业兴趣作为职业规划主导的理论，取而代之的是核心价值观，与之适配的是核心竞争力。还有意志力，虽然在哲学领域，叔本华、马克思、恩格斯等都有专门的研究，但是心理学界开始将之作为一种人的认知资源进行研究，是比较新的角度。把"意志力"量化，可以评判研究对象的意志程度，也可以作为思想政治教育的工作效能监测指标之一。

所以，思想政治教育工作尽管包罗万象，但是经过半个世纪的实践，吸收了多个学科之长，顺应"互联网＋"的迅猛发展之势，是可以改变以往辅导员开展学生工作一直以来处于被动的状态。以往辅导员工作效能的不足缘于行业本身的高要求，要求专职从事思想政治教育的辅导员对大学生活、心理、就业和学习的指导要个性化深入，要充当为人处世的楷模、学业发展的引导者、身心健康的培育者、学校和学生的沟通桥梁，而且还是学生成长的记录员、人生发展的导航者，十八般武艺样样齐，这就使得辅导员涉猎的内容过于广泛，工作理念和工作方式千头万绪无法统一。辅导员无论资历高低，都还走在发展的路上，本身教育背景不同，个人素质也千差万别，所以也使得这个行业长期缺乏统一的评判标准，难以推进职业化和专业化。学生作为教育对象，处于18—25岁的阶段，什么都想尝试，每个人均有可能发生各种意想不到的事物，走到不同阶段又遇到不同困惑。这对于辅导员工作形成无所不在的挑战！尽管一直以来都有社会实践作为学生思想政治教育的一个平台，但到毕业的时候，只有成绩单是让大家最信服的一致标准。而且社会实践也包括志愿服务、社会调查等不同内容，目前还缺乏像成绩单一样权威的评判标准。

思想政治教育需要越来越多的网络平台，作为学生共性与个性教育相结合的有效途径，也作为思政工作的科学性、专业性工具。适逢各大高校纷纷建设高水平大学，学生的思想教育工作包括考察指标需要逐渐明晰起来。本书希望乘此东风，呼吁更多的辅导员加入互联网，创建思政监测新平台，不仅总结积累之前行之有效的教育途径和方法，达到高水平大学的要求，一些医学院校还应掌握教育规律比如新时代医学人才培养规律、顺应形势需要而行之有效的抓手。

第三章

心理健康教育发展史探析

　　心理健康教育属于教育学范畴，是"根据学生生理、心理发展特点，运用有关心理教育方法和手段，培养学生良好的心理素质，促进学生身心全面和谐发展和素质全面提高的教育活动"。为加深对此专业的认识，特参考了高校研究生招生对心理健康教育专业的描述，可知这"是为适应各级各类学校和相关行业开展心理咨询和辅导工作需要而设置的，以更加开放、灵活的教育形式普及心理健康知识，培养心理健康教育专门人才，为提高个体、群体、组织与整个社会的心理健康水平服务的专业"，主要围绕着发展与教育心理学，包括儿童心理学各个方面：认知、社会性、品格、人格等，就业去向是学校教育，幼教、初等和中等学校心理学教师与研究人员，各级各类学校的心理健康教育和辅导教师等，也可以考取心理咨询师证书后从事心理咨询行业。与之相类似的专业，应用心理学是心理学中迅速发展的一个重要学科分支，为满足人们在工作及生活方面的需要，多种主题的相关研究领域形成的心理学学科，把心理学的基本原理在各种实际领域的应用，包括工业、工程、组织管理、市场消费、社会生活、医疗保健、体育运动以及军事、司法、环境等各个领域，主要学习心理学方面的基本理论和基本知识，受到心理学科学思维和科学实验的基本训练，形成良好的科学素养，具备开展心理学实验和心理测量的基本能力和将心理学理论、技术应用于某一相关领域，解决实际问题的能力。就业去向包括教育、工程设计部门、工商企业、医疗、司法、行政管理等部门，从事教学、管理、咨询与治疗、技术开发等从事心理学基础的工作，比如考公务员，从事猎头（人才中介）人才测评机构等、企业咨询和人力资源管理、策划设计公司等等。对比此两专业，不管从发展方向、还是学科内容，都有所不同，不能混为一谈。因此，心理健康教育不只是应用心理学的一个方面，而是两者有部分重叠，应用心理学涉及面比较广阔，而心理健康教育较为纵深。要对心理健康教育有全面的把握，既要了解心理学的发展，又要结合我国高校的意识形态需要而发展。

一、心理学发展史概述

心理学最初不过是西方哲学的一个分支。1879 年科学心理学创始人冯特在德国莱比锡大学创立世界上第一个心理学实验室，使之成为一门独立的学科，拉开了科学心理学的序幕，从此，整个心理学界出现了过去从未有过的繁荣局面。由于心理学家的研究对象、研究取向和研究结果分析出现分歧而产生了不同学派，先后出现了弗洛伊德（1900 年）精神分析、巴甫洛夫（1903 年）条件反射、以华生（1913 年）为代表的行为主义和斯金纳（1938 年）为代表的操作性行为主义。20 世纪中后期，相继出现马斯洛（1954 年）为代表的人本主义心理学、班杜拉（1971 年）社会学习理论和自我效能理论（1982 年）。随着生理心理学的研究成果不断丰富，加上 1946 年通用计算机的诞生，乃塞尔（1967 年）提出认知心理学，之后迅猛发展。心理学理论还产生了认知神经科学（2011 年），对意识与无意识过程进行了更为系统性的实验研究，从而加深了对脑功能的不断深入研究认识，不断推进人工智能的研究发展。

心理学在我国的传播和发展是相对坎坷艰辛的。在 20 世纪初的头几年，外国教会在中国设立的一些大学就已经开始讲授心理学实验知识，1921 年中华心理学会成立，但是因为战争，整个心理学研究在反复中断中艰难前行，较西方发达国家，心理学研究的起步已相差了 50—100 年。但是我们的心理学家正在奋起急追，层出不穷的心理学的新理论和新知识正被迅速运用于各行各业中去。

在我国，心理学界普遍认同的一种研究范式在于个体心理研究，随着社会心理研究的日益广泛，团队心理研究才重新进入了心理学研究的视野。"根据我们对心理学研究对象的理解，心理学不仅要研究个体心理或个体意识，而且还要研究社会心理或团体心理，如团体需要、团体利益、团体规划、团体舆论，以及团体心理对个体心理的各种影响。""先讲个体心理，后讲社会心理。"① 然而，这种研究范式对当前高校的大学生教育看来是不足以解决现实问题的。所有高校都有学生会和心理辅导机构，心理测试工具也在广泛推广，仅仅帮助大学生了解自己的心理精神状态，以及鼓励他们组织和参

---

① 彭聃龄. 普遍心理学［M］. 修订版. 北京：北京师范大学出版社，2014：2.

加一些社团活动、校园文化活动和社会实践活动，依然还是显得不足。社会对人才的需求日益增长，速度极快，内容极丰富，如果高校的心理辅导未能与思想政治教育在实际上合力，大学教育就不能很好地养成大学生符合社会需求的能力素质。所以心理学既要保留自身学科的研究范式，又要纳入思想政治教育发展跨学科交叉研究范式。

　　从本体论的角度而言，心理学发展史实质是人类对个体心理根本性问题的认知集，思想政治教育实质是人类对社会和国家的根本性问题认识后的实践集。即心理学侧重于描述个人心理细节，思想政治教育却侧重于引导人对社会现象认识后的实践；心理学研究范式细致入微，思想政治教育的研究范式宏大叙事，两者正好形成了鲜明的对比和互补。心理学传递的是一定范围内、特定情况下的个体心理活动规律信息，思想政治教育主要作为社会"主流思想文化或意识形态'传导''承续'的基本载体和实现形式之一"①。两者都是应用型理论，但立场不同，前者价值中立，后者则明确为政治主流。所以在教育措施中，心理学强调解释、共情和"无条件积极关注"，思想政治教育则强调释义、引导和指令；心理学的话语关键词一般是"我觉得"，而思想政治教育的则是"你应该"。根据当代教育的需要，心理学在世界范围内兴起了格式塔整体观和维果茨基的文化历史观，而思想政治教育融入了马克思主义中国化最新成果，注重个体人格素质教育和个性发展，把新时代"每个人的全面而自由的发展"与社会发展相统一，为世界提供"中国智慧和中国方

---

① 张澍军. 学科重要理论探索，我的 18 个思想政治教育见识见解 [M]. 北京：中国人民大学出版社，2018：5.

案"，自信地展示科学社会主义焕发更强大的生机活力。

二、心理学知识在思想政治教育中的系统运用

思想政治教育是"一项专门的人类实践活动，具有鲜明的意识形态性，基本内容包括思想教育、政治教育、道德教育三个方面，其中思想教育是根本，政治教育是主导，道德教育是基础"①。虽然我国长期以来进行应试教育，但是学生的学业成绩已不能作为综合评价的唯一监测指标，而是需要思想政治教育增加中介模式，以定向精准解决问题作为导向，需要遵从思想政治教育的学科规定以及话语体系。东北师范大学思想政治教育专家张澍军老师研究认为，在黑格尔哲学中的"中介"概念是非常值得注意的，认为这是把握事物相互转化的关键环节②。实际上，问题解决确实需要"中介"参与，比如学校教务督导员向辅导员反馈"学生经常在课堂上使用手机上网"这个问题，辅导员考虑这个问题时，采用什么样的思维范式就很重要，"思维范式"就是思想政治教育中一个极其重要的中介。如果辅导员认为用手机很正常，这个问题就变得不紧急了，解决起来就轻描淡写；如果认为使用手机确实会影响课堂效率，从而会影响学生的专业知识学习，则会很紧张地对学生进行教育并发出在课堂停止使用手机的指令。每个人在成长中都有把老师的话当圣旨的经历，老师一发话立马改过来，思想教育效果就好。但是也有的学生却不这么考虑问题，认为自己是成年人了，有自制能力，而

---

① 教育部思想政治工作司. 思想政治教育原理与方法［M］. 北京：高等教育出版社，2010：29.
② 张澍军. 马克思主义研究论稿［M］. 长春：吉林人民出版社，2004：24.

且在课堂上也可以使用手机即时查阅相关知识提高课堂效率。这样一来，课堂不用手机的教育效果就很不理想，需要辅导员启动"心理机制"去为产生抵触情绪的学生进行心理辅导。可见"心理机制"是思想教育另一个"中介"。

马克思说个体是社会存在物①，人是一切社会关系的总和，师生关系，实际上是社会关系的一种。在问题解决过程中，施动者总是会结成各种社会关系，或者通过各种关系使受动者按自己的意志进行，从而影响双方的存在和发展。不同的社会关系在问题解决中会产生不同的结果，例如辅导员可以从改变"师生关系"这个单一途径来要求学生，使用别的社会关系比如朋辈关系、家庭关系等可作为增添了中介作用，即朋辈教育和家校联系，可作为师生关系的有效补充。朋辈教育，实则也是提升受动者思想政治教育的主体性。如果学生自己也认为"课堂上使用手机上网"是不对的，就会主动配合帮助老师想办法教育其他同学。组织学生开展活动激发学生合理使用手机的意识，也可以激发学生在教育中的主体化，从"受动者"转变为"施动者"，用朋友间默契的"思维范式"，对受动者即自己的同学进行教育，比如谈心、"横幅签名"活动、"我有话对你说"心理团体咨询等等。主体性的提升更突显思想政治教育的自觉功能，大学生综合素质提升表现在自我教育、自我服务、自我管理和自我监督上；主体性的激发更促进思想政治教育的合规性，更能

---

① 马克思. 1844 年经济学哲学手稿［M］. 中共中央马克思恩格斯列宁斯大林著作编译局，译. 北京：人民出版社，2008：84.

达到"教为不教"的境界①。

　　教育部2017年12月6日发布的《高校思政工作质量提升工程实施纲要》指出，思想政治教育的基本原则是坚持育人导向，突出价值引领；坚持遵循规律，用于改革创新；坚持问题导向，注重精准施策；坚持协同联动，强化责任落实，规划课程、科研、实践、文化、网络、心理、管理、服务、资助、组织"十大育人体系"，在网络育人中拟建设"高校网络文化研究评价中心"。可见，进入新时代，创新思想政治教育模式已势在必行！在思想政治教育中，可对某个专业、某个社团的学生团体进行政治素质、人文素质、身心素质等全面筛查检测，对大学生群体的道德状况进行摸底分析，既包括对家庭贫困情况、奖学金获得情况、学生担任干部情况，等等资料搜集，又可围绕教育、养老、住房等政策了解个人态度。比如"二胎政策"，对意外怀孕、染色体筛查、艾滋病、堕胎等问题有怎样的态度。为避免对大学生产生"贴标签"效应，对每个学生的测试结果应保密，仅绘制群体的"道德水平基线图"，供感兴趣的学生自行了解自身在群体中的位置。其次，要根据摸底结果加强学生某项行为的日常观察，间隔较长一段时间后再随机抽样重测，作为对观察的验证，及时了解新的变化动态。

　　要达到思政教育全覆盖的状态，就需要开发网络育人功能了，"互联网＋思想政治教育"的指向性很强，可快速占领网络育人阵地，还可以深度开发其育人功能。互联网的广泛普及，促使个体更

---

　　①　叶圣陶："教是为了达到不需要教"，强调把学生的主体地位确立起来，把学习方法教给学生。

要提升自我意识，明确自己在不同角色中的作用，而思想政治教育也亟待在互联网中发挥强大的"立德树人"作用。比如教育部发动的"易班"大学生社区平台，各省、市党团组织开发的微信公众平台，以及学校、老师根据自己实际情况开发的各种工作平台、微信号、微博、工作空间等，供大学生展示教育教学成果、交流丰富多彩的校园生活等，这样可以发挥校园文化育人功能，加强了校际之间的互动交流，也提高了思想政治教育的时效性。思想政治教育把"线上线下"作用结合起来，把教育理念贯彻于实践中发挥作用，有助于提高大学生解决自身和他人问题的能力。学会站在他人的角度，从更高、更深的层次去认识事物的本质，不断增强责任意识和奉献精神。坚持以社会问题为导向，开展校园文化活动、志愿服务活动、社会实践活动、创新创业活动，召开主题班会、个别谈话进行道德教育，促进教育潜移默化，最终内化为学生的自觉行为。目前网络存在针对性教育不足等问题，假信息充斥网络、游戏密布，使人难辨真假、不抵诱惑，学生在网络中上当受骗的例子也屡见不鲜，而且网络游戏的繁荣也耗去大量的大学生创造价值的时间和可能机遇，真正利用互联网建立起可信、可持续性且有创造性的经济政治社会文化生态体系仍需时日。思想政治教育可以开发一些网络工作平台，介入学生的生活和学习，把故事判断、理论阐释以及道德情感养成等通过动漫、情景模拟、漫画等方式，在教学中有组织、有进度地去引导学生展开讨论，这个过程中必须注意保护隐私、安全上网为前提。总之，网络阵地需要思想政治教育去占领、去发挥优势。

　　这种网络道德情景测试是一个可持续性的思政教育切入点，可引入用到各行各业的职业品格、职业素养、职业价值观教育中。软件设计与后台数据处理需要大量人力、物力等资源投入，编码、转化、汇总的统计学知识需要进一步普及。大学生的人口学资料、学业成绩、身心健康、焦虑忧郁状况、压力状况、参加各种校园活动、志愿服务、社会实践、劳动锻炼等轨迹，均可以编码转换成"大数据"存储在软件中。大学生人格成熟也是思想政治教育是否有效的显性指标之一。例如考察大学生的社会主义核心价值观是否树立起来，目前有成熟的人格量表可以进行参考，如香港中文大学与中科院心理研究所 1990 年开始人格测试；编制的《中国人个性测量表 CPAI》，可进行以下人格测量，如：和谐、人本、创新、崇高、稳定、奉献、正直、宽容、守纪、节约、有责任感、实干、自信等人格测试；还有课堂、寝室、食堂、校内外活动场所内的活动记录，除了编制"行为核查表"，还可以辅助上世纪 20 年代美国南加州大学的《DISC 行为测试表》考察学生的行为习惯"大数据"，从而进行行为管理；把学生参加省市、学校的文艺表演、竞赛、科技发明、创新创业等获奖情况汇总，就形成了思想政治教育的成效显示指标。上述所有这些数据可汇总成为大学生的"大数据"，大数据一旦形成，就可以转换成数字进行运算处理，除了对其道德水平进行描述性分析，绘制"道德水平基线"，还可以通过其相关分析，挖掘大学生内在成长规律并预测其发展走势，以及个体在教育认知方面存在的突出差距，既为大学生提供个性化指导，又可以为教育者提供大学生群体数据从而进行集体干预或教育指导。这些规律源自实践，可以回馈指导实践提升思想政治教育的科学性，根据总体反映的规律进行预测性研究，这就是思想政治教育的预测功能。大数据的收集并不需要抽样和限定样本准入，但也非一劳永逸，须在同一群体可反复测试、不同群体统一测试。反复测试就是反复教育、反复检验效果，不断提炼、总结、反馈于实践主体，以提升思想政治教育的实效性。通过设计专门的软件，把握日常各种时机指导大学生填报，填报的过程中潜在地留给学生丰富的想象和比较的机会，充分发挥自我教育功能。所有参加的活动还可以汇总成"第二课堂成绩单"，这个在华中师范大学、同济大学已实施多年。学生就业时可以把"第二课堂成绩单"连同"学业成绩单"一同使用。辅导员对学生的考勤也陆续在一些高校当中设计成软件，实现在上课现场、活动现场和宿舍"即时"登记、反馈和教育。软件平台把所有这些数据收集起来分析处理，将建立起当代大学生思想政治教育的"智库"，为思想政治教育进行自检自查提供手段，同时也为检查思想政治教育有效性提供更多的可视性指标与依据。

　　进入新时代，当前我国的社会主要矛盾已经转化为人民日益增长的美好生活需要和不平衡不充分的发展之间的矛盾，这决定了高校大学生的思想政治教育必须围绕解决这个主要矛盾进行。继承中华优秀传统文化和人类文明优秀成果，使大学生形成积极向上的精神追求和健康文明的生活方式。高校思想政治教育要坚持社会意识形态和政治教育为前提，汲取古今中外关于道德和价值观教育的先进理论，多作理论联系实际的有益尝试，"不忘本来、吸收外来、面向未来"，以社会主义核心价值观为引领，推动中华优秀传统文化创造性转化、创新性发展，为最终实现中华民族伟大复兴的中国梦而努力！

三、群体心理学发展趋势

群体心理学是在以往心理学经历了曲折的历史发展，尤其在第二次世界大战后，人们对个体心理研究逐渐转移到群体心理研究的基础上建立起来的。个体心理与群体心理并不割裂，而是"你中有我，我中有你"。为了更好地向大学生讲清楚群体心理与个体心理的关系，进而阐明个人与社会的关系，可以在开始这个话题之前，先玩一个"谁该留下"的游戏，这个游戏在很多职场培训中都用过，也可以将此游戏引入思想政治教育当作心理健康教育的一个抓手。这个游戏是从一个故事开始：在茫茫的冰海上，一艘客船触礁沉没，在沉没前，七个人登上了救生艇，分别是身体受伤但神志清醒的老船长、成果可促进全人类发展的科学家、患癌症晚期的老人、身怀六甲的孕妇，三个小孩的母亲、对民族有深远影响的老医生，还有你。当你艰难爬上了救生艇，才发现只能留下三人，如果不在 5 分钟内达成一致意见，则全船沉没。请问谁该留下？

这个游戏同时需要个人的自我意识和团队的集体意识，没有标准答案，如何选择留下谁并不重要，首要的是保证 5 分钟内船不会沉没，紧急状态下你也许想着怎样说服别人愿意采纳你的意见？或者你是否也愿意采纳别人提出的意见，一个临时凑到一起的团队，是否可以马上为一个共同的目标形成一个结构完整和组织严谨的团队？这就需要在讨论和决策的过程中有人主导、有人策划、有人提醒、有人服从，这是由团队中不同的角色发挥作用的合力所决定。这个游戏启发了学生对"团队"的认识，即并非所有群体都称得上团队，结构完整、群体成员既分工又合作的才能成为一个团队。在游戏结束后，我选了理科和文科两个专业的大学生做了一份问卷调查，了解他们有什么认识，157 名学生有效完成作答。结果是"想得比较多"的是"时间"（15.9%）和选谁才对（15.3%），学到的、收获较多的是"团队"（26.8%），还有几个关注度高的关键词是："决策""沟通""服从"和"人性"。调查发现同学们对"意识"的认识主要是这几个关键词："脑"（26.8%）、"思"（17.8%）、"我"（13.4%）、"行为"（10.8%）、"反应"（10.2%）、"客观"（8.9%）、"事物"（7.6%）、"心理"（7.6%）、"主观"（6.4%），还有其他几个关键词是："外界""反映""感觉""看法"。可以这么总结提炼一下，意识就是个体经过（脑）思考，对客观事物的主观感觉和外界反映而产生的自我心理与行为反应。把自我意识与团队集体意识辩证统一起来，就是首先让个体明确"我是谁"的问题，即角色的自我意识。然后明确"我从哪里来"？即自我所处的团队和周边环境，既追根溯源，又明确回答"我要去哪里"，围绕团队目标进行。如果个体不合群，或者不服从团队决策的个体将快速被淘汰，自我意识只有置于某个团队以此作为背景才真正有意义。思想政治教育理论名家张耀灿老师在《思想政治教育学前沿》中说道（P231），"教育者和受教育者的思想品德就是这样在社会制约因素与自身主观能动性的矛盾运动中，既受动又能动地向前发展，并通过主体思想行为的改变而影响整个思想政治教育过程的运行"，并且指出这个"思想政治教育过程"有"外界教育与自我教育同时并存、辩证统一""个体思想品德要经历反复多次的内化外化，才能达到社会要求"两大规律。

自我意识是 19 世纪末美国心理学家詹姆斯 W. JAMES 最早提出的。他在《心理学原理》（1890 年）中提出"自我意识"的概念，认为这是意识的核心部分，是人格社会化的产物，并且指出"自我意识"在婴儿阶段还没有出现，是后天习得而来，具有目的性、社会性和能动性等特点。当代美国人本心理学家罗杰斯（C. R. Rogers）提出类似的概念"自我概念"，认为是由现实我、社会我、理想我构成，并且指出这三者应尽可能统一，否则人会不适应社会。奥地利心理学家弗洛伊德（S. Freud）在长期对梦进行研究，提出了通过梦的解析和精神分析对人的意识进行认知，发现了人的精神活动三大系统：意识、无意识、前意识及其与压抑的密切关系，还提出了著名的"三人格"理论即本我、自我、超我，创造了"力比多（libido）"这个概念用以解释人的性欲的力，称可以通过投射、转移和升华等方式释放这股"力"。弗洛伊德的理论可以解释那些被压抑的违背道德的欲望为何可以在梦中得到满足，或者在日常生活中出现的种种难以解释的现象，比如对重要事情或重要他人遗忘、口误以及下意识的某些言行等现象。这说明了人的大量信息存储于无意识的"冰山"下，而睡眠是区别于人的清醒意识外的另一种意识状态。在睡眠状态下，不经人的意识，各种被强烈压抑的欲望就可以在梦中暂时"同意"被释放出来。弗洛伊德曾经把催眠术作为一种新的疗法频频使用在医疗实践中，这些理念和做法时至今日也依然在传播。再看看弗洛伊德的弟子，心理学家荣格（Jung）反对其师傅弗洛伊德对人的欲望的泛化，却继承并发展了"集体无意识"，这个概念使得我们对图腾符号、文化与风俗、伦理与道德等加深了认识，进一步发展了意识心理学理论并在性格研究实践中使用。可见心理学家们通过无意识和意识研究把自我意识的最终落脚点都与团队联系起来，研究个人与社会的关系，使个人受群体的影响更具可操作性。比如促社会助长，避免社会懈怠和去个性化等现象，使个人在处理家庭、学校、社团事务时变得更有信心，使社会更加和谐有序，大学生更好地成长成才，进入工作岗位后才能更有效地进行整个职业生涯规划。

四、心理健康教育的意识形态性

辅导员开展心理健康教育，实际上就是在学生工作中对大学生综合实施思想政治教育。东北师范大学张澍军教授认为思想政治教育具有"特殊性内涵"，在他的《学科重要理论探索——我的 18 个思想政治教育见识见解》第 4 页中论述，他认为"本质上是社会、国家或某种社会集团通过教育实施者、各类各种媒介以及人文和自然环境惠及人的精神世界健康进步发展的行为实践活动"，"成为一定国家或期望并可能掌握国家政权的一定社会集团的主流（主导）思想文化或意识形态，特别是核心价值观念以及人生观、世界观的基本载体和实现形式之一"。对此，我深有体会心理健康教育也是具有意识形态性的，与大学生的世界观、人生观和价值观密切相关。在我党的十九大报告中，习近平总书记强调"坚持社会主义核心价值体系，必须坚持马克思主义，牢固树立共产主义远大理想和中国特色社会主义共同理想，培育和践行社会主义核心价值观，不断增强意识形态领域主导权和话语权，推动中华优秀传统文化创造性转化、创新性发展"。党的十八大以来，以习近平同志为核心的党中央全面加强党对教育工作的领导，坚持立德树人，先后召开全国高校思想政治工作会议、全国教育大会等重要会议，深刻回答了事关高等教育事业发展、高校思想政治工作、办好人民满意的教育等一系列重大问题，教育事业中国特色更加鲜明，教育现代化加速推进。2019 年 3 月 18 日，习近平在北京主持召开学校思想政治理论课教师座谈会并发表重要讲话。这充分表明，高校思想政治教育课程建设越来越受到国家和中央高度重视，高校思想政治教育课程肩负着有组织、有计划地培养社会主义建设者和接班人的重任。诚然，如果大学生没有正确的世界观、人生观和价值观引领，拥有再多的专业知识以及待人处事的心理学知识也徒劳，也会难以达到心理健康和适应社会发展的状态。强调高校思想政治教育课程是因为只有通过课程这个渠道，才能系统地讲解教育意图、教育理念和总体要求，只有在知识结构完善的基础上进行实践，这个实践才真正有意义。因此除了思想政治教育课程，辅导员开设心理健康教育课程也是必要的补充。辅导员作为意识形态的引领，要全面了解大学生的"三观"现状，切勿主观武断，也不能简单地用自评量表测试。可以通过课程系统帮助大学生认识价值观，课程当中以游戏的方式比如"价值观拍卖"，旨在帮助学生在选择的过程中，逐渐对自己所持有的价值观进行一定的自我认知。此游戏规则就是列出 15 项（其中表 3 - 1 有 6 项没有选择故没有列出）与价值观有关的选项，并给每一位同学 500 元启动资金买其中 5 项，每项自己标价，然后再给高出一倍的价钱让同学们卖出这 5 项中的 2 项，再以高出两倍的价格卖出另外 2 项，剩下 1 项，汇总结果，详见表 3 – 1。

表 3 – 1　2017 年临床医学生课堂游戏——价值观选择情况（164 人）

序号	价值观	人数（人）	比例（%）
1	生活舒适	40	24.4
2	睿智	39	23.8
3	独立	27	16.5
4	创造	20	12.2
5	安全感	18	11.0
6	利他助人	16	9.8
7	唯美	2	1.2
8	好同事	1	0.6
9	经济报酬	1	0.6
合计		164	100.0

从受访者作为医学生进行分析，如果单纯以"生活舒适"作为主导，恐怕在医学的路上会走得比较累；如果以"睿智、创造"作为主导，医学的路会很有发展前景；假如以"独立和安全感"作为主导，一方面很容易受外界的影响，假如有医闹之类的事情发生，不安的情绪就很容易带进工作；另一方面却可以促进他在医疗行为上更关注安全的问题和独立思考。以"利他助人"为主导则很可能会在医学的道路上越走越远。而"成就感、工作环境、管理权力、好上司、声望地位和变异"6 项价值观，被这次受访者全部"抛售"，当提示可考虑作为以社会主义核心价值观作为指导的医学德育工作的重要切入点，目的是引导医学生对医学有更充分的认识，享受其中，将来做好医生这份助人、救人的职业。在性别和专业方面，

在上述测试中，安排了对照组：生物技术专业（44名）和药学专业（31名）学生测试，结果作均数的差异性分析，发现临床医学专业的"利他助人"显著高于对照组（$t = 3.311$，$P < 0.01$）、而"管理权力"的需求则明显高于对照组（$t = 2.394$，$P < 0.05$）。可见，不同专业的价值观存在不同，"利他助人"是医生亟须发扬的奉献精神。这个调查结果提示临床医学新生对专业的理解是正确的，要保护他们这个从医的动机，而"管理权力"也很重要，因为在医疗行业内，面对疾病时，每一位医生都应发挥领导的作用，整合各种资源和人力，为处理疾病竭尽全力。在性别方面，女生对"安全感"的需求显著高于男生（$t = -3.265$，$P < 0.01$）、对"独立"的需求明显高于男生（$t = -2.355$，$P < 0.05$）。提示，女生的从医信心需要激励。

在价值观认知方面，游戏只是一种教育的切入方式，但终究不完全就是实际情况，但可以在游戏中首先帮助学生澄清自己现有的价值观，自觉与社会主义核心价值观要求对标纠偏。其次还应加大力度进行正面教育，明确党和国家以人民为中心的基本方略，落实立德树人的任务，办好人民满意的大学，对大学生"要以培养担当民族复兴大任的时代新人为着眼点，强化教育引导、实践养成、制度保障"，"解决好世界观、人生观、价值观这个'总开关'问题"。最后还应发挥价值观的引领作用，"把社会主义核心价值观融入社会发展各方面，转化为人们的情感认同和行为习惯""广泛开展理想信念教育""加强爱国主义、集体主义、社会主义教育""推进诚信建设和志愿服务制度化，强化社会责任意识、规则意识、奉献意识"。

现实当中某高校确实有个别大学生因公开发表"不爱国"的言论而被开除，发现一起就应处理一起，须大力警惕历史虚无主义言论，不能污蔑历史英雄人物。2018年4月27日，十三届全国人大常委会第二次会议全票表决通过了《中华人民共和国英雄烈士保护法》，表明了国家和人民永远铭记、捍卫英雄烈士的鲜明立场，在第二十二条明确禁止歪曲、丑化、亵渎、否定英雄烈士事迹和精神。对个别崇尚日本却贬低祖国的精日分子的言论和行为，应坚决抵制，切勿盲目跟风。此外，还要把价值观教育与专业和职业联系起来，形成职业价值观教育。相对于专业教育（特指职前的专业知识学习）而言，价值观教育似乎显得重要而不紧迫，学生的紧迫感常常与毕业、升学高相关，似与职业价值观教育相关性低。高校毕业生还存在一个误区：不能顺利考研升学的毕业生并不急于找工作，应届不行就二次备考，认为"只要考上研究生就有牛奶和面包"。这不仅异化了学历学位的功能，还忘掉了作为社会主义事业建设者和接班人的神圣使命！一定程度上造成了不少基层工作越来越少毕业生涉足。这就需要国家制定更多的调控政策支持。而学生本身也应该明确，专业学习只是职业教育的一个部分，学生应该既学好专业知识，又具备职业素养，尤其是人文素养，特别是医学生更要注重医学人文素养。人文素养决定了职业价值观的形成，职业观教育也是心理健康教育的一个重要组成部分，具有意识形态性和价值取向性。应同步进行职业价值观教育，相应地进行职业心理调适，使之与专业学习相辅相成。打好专业基础是短期目标，职业生涯规划才是长远目标。关于职业生涯教育教育的概念，被采纳最多的观点就是明确一个人一生中所有与工作相关联的行为与活动，以及相关的态度、价值观和愿望等连续性经历的过程。重视职业生涯规划如同重视自己能否开车上路一样，人的职业价值观就像车的发动机、人的兴趣爱好如同车的型号、人的能力素质如同车的性能、人的发展方向如同车的行进方向。每一位大学生在习近平新时代中国特色社会主义思想引领下，践行社会主义核心价值观，强大内心信念，提升思想觉悟，完善专业知识和人文知识包括法律、管理学……等知识，训练自己的语言能力如口头语言和书面语言，注意书法、语法、写作技巧和思想内涵等，培养"3Q"，即 IQ + EQ + AQ（智商 + 情商 + 挫败商），注重提升创新能力、团队精神和个人调节能力，尽早认识自己的职业价值观，才能更有效地提升综合素质，在务实的基础上提高创新能力，不断地适应社会的进步和发展。

第四章

辅导员开展心理健康教育的特点

　　相较于传统意义上的心理健康教育，辅导员更侧重于政治引领。因此对于学生心理状况的把握不同于一般的心理健康教育人员。除了要快速鉴别处于心理障碍或精神疾病状态的学生并转介专业心理问题诊治外，更要在日常教育教学中对学生开展团体的生命教育，把敬畏生命作为心理健康教育的底线，快速有效地指导学生在心理健康的基础上解决日常学习、工作和生活问题，树立远大理想与建立底线思维并进，使工作具有宏大性与细微性并存。具体应做到以下几点：

　　一是坚守课堂教学主渠道。课堂的作用在于对学生开展生命教育，包括树立远大理想和建立底线思维。通过专题讲解和讨论进行宣传主张，确保有一个阵地定期地留给辅导员开展工作。讲清楚学校的教育理念和待人处事的观念，确保意识形态教育到位，坚持政治经济社会文化生态"五位一体"的总布局思维。一定要对理论好好地进行论辩，不能蜻蜓点水，也不要担心学生对说教感到烦闷无聊，他们已经过了"叛逆期"，会正确地使用知识保持自觉对事物规律的持久关注。在课堂上，辅导员可以一边对学生系统地、有逻辑地充分讲授知识，避免"断章取义"，一边观察学生的课堂行为，推测他们在其他课堂中是否也有可能出现类似的行为，比如迟到、早退、瞌睡、吃喝、使用数码产品等。还有他们经常坐哪个地方、跟谁在一起，有没有带书包、带教材，有没有戴着耳机上课，能不能与授课老师进行课堂互动，这些都是监测学习态度和倒逼学习过程的蛛丝马迹，是训练学生耐力和意志力的重要着眼点。

二是培养"问题导向"思维习惯。在课堂教学中专题讲解理论知识，有助于学生系统掌握学习心理学理论且将其自主运用于问题解决。近年来教学发现，真正达到"授以鱼不如授以渔"的做法，就是首先要帮助学生看到自己存在什么问题，所在的班级存在什么问题。其次就是以问题为导向指导学生自主开展党建和团建活动，主动设计三会一课、党日团日主题活动，组织学生校外参观爱国主义教育基地，再次是带动学生自行设计、组织和策划提升一系列综合素质的活动，如科技创新创业、社会实践教育、校园文化体育竞赛、网络平台建设、宿舍文化塑造等。分析"问题"就是抓"主要矛盾"，应结合专业特点，分阶段定期整体评估学生的学习情况，设定榜样、提供标准，督促学生对标学校人才培养方案剖析自身不平衡、不充分的地方，自主地找准问题形成问题解决的台账。辅导员运用网络资源设定相对应的指标，提示学生成长成才的思路，线上线下恰当地结合成熟的自评测评量表，汇总结果做好分类指导。

三是做好"一潭水"教育计划。要给学生一碗水，自己首先有一潭水，一"桶水"不足够。辅导员必须随时更新知识，让自己的

"内存"定期升级，要做"活到老、学到老"的榜样，要保持自己的前沿视觉，落后于学生甚至跟不上学生，就会失去辅导员"导"的功能。结合国内外形势，结合阶段性培养人才的实践需求和政策制度要求，对思想政治理论、心理学、政治学、人学、社会学、教育学、管理学、统计学甚至医学、流行病学、地理、化学、数学、计算机和英语等，所有知识都要一一涉猎。融会贯通运用在辅导员工作中，超越边界，知道得越多工作才做得越好，避免"以偏概全"。辅导员只有不断积极发挥主观能动性，灵活运用各种知识，让学生感受到老师仿佛"打鸡血"般的活力，才能确保"鲜活"的头脑表现在学生面前，人格魅力才得以展现，有效的教育"一个眼神"就足以达到效果。还可以参加辅导员职业技能大赛以了解自己的水平，促进自己学习不停步；创建辅导员工作室，发挥品牌效应，与其他专业、其他高校接轨，甚至走向世界。辅导员工作室教育工作模式，目前在高校中刚刚兴起，效仿创业者以个人名义承接业务，实则以团队的方式开展学生工。这种教育模式可避免各种专业专长的辅导员在不同专业的教育管理过程中过于同质化而忽略了本身专业的特点，比如艺术类、文学类、工科类与农医类专业的辅导员工作内容就不能一样。同时，保护好工作品牌和"口碑"也是一门学问。

一、关于高校心理健康教育效果的刍议

在我国高等教育中，"心理健康教育"一词正式出现于1994年8月31日颁布的《中共中央关于进一步加强和改进学校德育工作的

若干意见》，强调了心理健康教育属于高校德育的重要部分，明确了高校心理健康教育的总体要求，提出学校、家庭以及社会各方面要共同提高心理健康教育应有的水平，增强我国高校心理健康教育的实效性。

那么谁是高校心理健康教育的主体和实施者？答案除了校院领导、学工团委团队、心理咨询师、辅导员、思想政治教育课老师、其他科任老师等教务团队，其实还有学生组织，学生干部和学生本人等，通过心理健康教育课程、心理咨询师、思想政治教育课、同伴教育协会等教育途径发挥作用。辅导员开展学生工作支撑起心理健康需要系统的知识体系，涉及多门学科知识，加上国家意识形态方面的要求，发挥作用都是本单位的实际要求，无论主体如何划分和界定，通过辅导员直接对接学生运作起来，因而辅导员素有"万金油"之称，意思就是辅导员的工作哪儿都需要，但很多也只能发挥短时作用，难以显现长效作用。

如何评价目前高校的心理健康教育效果？可以通过调查和统计相关数据进行分析，心理健康教育要尽可能考虑把所有的细节都整合进去。"心理学的即统计学的"，分析学生的心理包括对他们的行为预测等，都不能信口开河。大学生心理健康教育，不能只满足于心理测评后的数据描述。可以把统计数据的正态分布作为基础状态，把正偏态和负偏态分布的现象作为个体和群体的心理健康状态，恰恰提示思想政治教育工作的切入点，特别要注意个人面临大形势变化时所引发的心理反应。比如一系列毕业生就业政策变化、清考制度取消等，还有计划生育"二胎"国策、在校大学生结婚政策以及大学生各种失德失信行为处分制度等，这些制度政策的执行，都会对大学生心理产生不同程度的影响。然而，相较于这些变化，心理测评技术是有待提升的。测评工具（SCL－90、SDS、SAS）往往具有局限性，测评表均是自评表，有的学生愿意测，有的嫌麻烦很抗拒，有的嫌测试时间太长，而太短的测试易形成系统误差，测评结果往往与实际情况存在差距。高水平、精准、个性化的自评表还需进一步研究，多个测评表联合测评的效果仍有待临床观察。目前的心理健康教育偏重于心理调适和转介治疗，学生诟病心理咨询最多的是他们的隐私向辅导员、家长反馈，由此质疑心理咨询行业的保密规定。辅导员可发挥心理测评结果筛查的作用，结合关注对象的实际表现、谈话，但不容忽视心理测评具有耗时、目标锁定不强、打草惊蛇等特点。

二、心理健康教育与心理咨询的区别

辅导员开展心理健康教育以思想政治教育实践为主页，兼有谈心谈话环节，与思想政治教育课老师和心理咨询师均有明显区别。思想政治教育课老师侧重于党史，党的理论、路线、方针、政策的教学，包括政治学理论、马克思主义哲学、马克思主义政治经济学概论、科学社会主义概论、马克思主义中国化研究、中国政治思想史、西方政治思想史、中国革命史等。思政课老师通过思政课的方式与学生接触，仅在某个学期上课的时候接触，学时数有限，其理论与学生的实际问题解决相匹配有待提升。高校的心理咨询师仅在心理咨询室与小部分在校生接触，工作以"助人自助""互相信任"

和"保密"为主要原则。随着这几年学生心理频出状况，高校不断重视学生心理健康教育，加强了心理咨询室的建设，心理咨询事业的也逐渐发展起来，从以往基本由辅导员发现学生问题后转介心理咨询师转变为学生愿意自行预约心理咨询师。这一小步的转变，是高校心理咨询事业发展的一大步。高校心理咨询师通过训练有素的专业方式帮助学生认知自己的心理状况并由学生自行加以处理，但有"守株待兔"的局限。社会上的心理咨询需支付咨询费，高校通常不会收费，缺乏对专业人员的有效激励，咨询效果还有待科学评鉴。辅导员则主要琢磨怎样更好地了解学生思想心理状况，以问题导向开展心理健康教育，全面关注在校学生的各个环节，配合教学秩序，以便帮助大学生顺利毕业。心理健康教育几乎涵盖了学生在校的方方面面。辅导员对学生思想心理状况的把握，可通过多种途径，比如：观察他们的课堂行为，或通过交谈，以及留意与他相关的其他方方面面的蛛丝马迹，去"猜"他们在想什么。"猜"得快、准、狠，"个人定制"的心理健康教育效果就快、准、狠，才有策略性可言，才有可能占领思想教育的"阵地"。如果辅导员的工作侧重于管人，对大学生实际问题的认识就有待增强，相关教育研究的成果转化也需要加强。心理健康教育课程的质控指标仍不不明确，仍处于摸索阶段，心理健康教育效果的指标体系还有待完善。辅导员队伍建设也有待加强，此岗位平均年龄不算高，意味着这个岗位的人员流动性大，行业定位不清晰制约了人员的专业素质提升。

心理健康教育与心理咨询同为心理学知识应用衍生出来的，但各自侧重不同，是目的和形式的关系，但又各成体系。心理咨询最初用于医学临床辅助疾病治疗，是精神专科医院主要治疗手段之一。我国高校的心理咨询最初在个别具有较高资质的高校用于治疗神经衰弱，后推广到各行各业。适用对象范围广泛，既可以是"病性"，指罹患精神疾病，又可以是"非病性"，指具有某种心理问题的健康人，又可以是亚健康的人；既可以是正常人，又可以是"不正常"的人，"不正常"的人又可分成非病性"超常"和病性"异常"；既可以事后，又可以事前。其中，"事后"是指个体或群体经历突发事件受到创伤后的心理反应，严重的会出现"创伤性应激障碍"。比如，2008年我国的"汶川大地震"，当时大量心理学专家学者云集，为当地居民开展心理咨询，还开设临时课堂为当地学生们开展团队心理咨询，帮助灾后人们快速回归正常的心理状态，为灾后重建发挥了积极意义。可见，心理咨询尤为重要，其及时切入可以预防危机事件，避免事态恶化。"事前"的心理咨询意思是预防恐慌和焦虑，如考前焦虑、人际关系恐慌等，学会放松、减轻紧张。心理咨询的定义广泛，至今没有统一的、公认的概念，开展心理咨询是具有心理学系统知识的专业人员围绕来访者出现的实际问题，在静谧、安全的专用工作室，从心理学的角度对来访者的问题进行结构性的探讨和分析，经过反复多次的言语交流，帮助个体逐渐思考出解决实际问题的办法的过程。目前在美国，心理咨询师行业的职业化进程已发展到世界范围内比较权威的地位，是我国心理咨询行业发展参考的标杆模式之一。专门从事心理咨询的美国人本主义心理学家、应用心理学创始人之一的卡尔·罗杰斯（1945年）撰写了《咨询和心理治疗：新近的概念和实践》，确立了心理咨询的工作理念，其具有"助人自助"的特点。咨询师"无条件积极关注"主动前往的来访者，采用言语交流方式，强调当事人提升"自我概念"和过往"经验"的认知，形成"信任、接纳、倾听"的氛围，在"期待和支持"下，促进当事人自我矫正认知，使其"真实自我"与"理想自我"逐渐趋于一致，从而得出解决问题的思路。卡尔·罗杰斯曾在芝加哥大学任心理学教授，并建立了"心理咨询"中心。他强调教育的目标是促进学生变化和使学生学会学习，培养学生成为能够适应变化和知道如何学习的、有独特人格特征而又充分发挥作用的"自由人"。在达到这一目标的过程中，咨询师要贯彻"非指导性"教学的理论与策略，信任、同情学生并达到与其共鸣才能收到理想的效果。

大学生是一个特殊群体，其心理咨询切入点不在"病性""亚健康"和"不正常"，而是在"年龄""性别"和"专业"等，特定群体的大学生在这些方面的表现均呈现"偏态"分布。大学生年龄集中在 17—30 岁之间，处于职业探索期，同时要解决人际关系问题。性别受专业影响具有偏态性，即理工科专业男性明显多、文学专业女性明显多，在医学院校里临床医学专业男女比例基本平衡，检验、护理学专业女性明显多，影像学男性多。群体性别的差异可造成"集体无意识"的差异，原因在于专业对人的核心素质的要求不尽相同，比如医学专业，提升安全意识和语言能力就尤为重要，依据我组织在校医学生在 2014、2015 两年间开展医疗行业调查所获取的总体印象，可见，"医疗沟通不规范，患者惶惶两行泪！该说不说两相猜，问题堆砌成医闹"。

　　心理咨询就是要解决来访者问题，是一门技术活，但有点"守株待兔"之嫌。主要对象仍是带有问题的个体，尽管可以开展团体咨询，但是难度极高。先提出问题然后召集同类问题的来访者按规定的时间到达，进行"无中心小组讨论"，其效果不受心理咨询师控制，容易被"集体无意识"反引导。大学生心理健康教育则面对全体学生，主动出击，海纳百川且包容并蓄，无论有问题没问题，把学生全部集中，先开展系统知识灌输，然后分专题讨论，课外观察个体表现，出现异常表现者均可纳入特殊关注和帮扶"数据库"。所以，心理健康教育者必须将心理健康相关的知识课程化、深度化和实践化，能胜任者必为辅导员。与思想政治教育专业任课老师富有思想政治教育理论相比，辅导员则具有强大的理论兼容性且侧重于理论的应用，考量的是理论的适用性、发展性和有效性。比如对学生学习，就要掌控其学习动机和学习习惯养成以及自我监控效果，形成可操作性的"动机—动力定型—监控"的循环学习模式。与心理咨询师富有心理调适的临床技能相比，辅导员则更具有政治引领性、宏大性和明确性，迅速识别和判断出现心理障碍或精神疾病状态的学生并转介心理咨询诊治，务求快速有效地指导学生树立远大理想与建立底线思维并进，在心理健康的基础上解决日常学习、生活和工作遇到的各种问题。毕竟相较于心理咨询师缺乏专业训练，辅导员开展心理咨询应注意以下几点：1. 问题导向，主动通过科技创新、社会实践、校园文化体育竞赛、网络平台、宿舍文化等一系列活动，辅导员运用网络资源，辅以成熟的自评量表，定期了解学生，细致剖析自身不平衡、不充分的地方，自觉找准问题。2. 结合国内外形势、实践需求和政策制度要求，把多学科理论知识融会贯通运用在心理咨询中，发挥主观能动性，鼓励学生灵活运用知识。

3. 坚持把发挥课堂教学主渠道的作用与个别辅导相结合，分专题讲解心理学理论，与学生讨论心理学现象，分享近年来的教学教育理念和方法，帮助学生系统掌握学习心理理论且自主运用于问题解决，是"授以渔"的过程。考察学习能力，需要判断他们解决问题的质量来分析效果。这就要成熟的测评工具帮助学生认识自身的智商、情商和抗挫商，还要全方位认识对学习有影响的各种因素，包括学习习惯，学生的人际关系是否良性建立以及情绪良性调节等。避免出现安全问题，减少突发危机带来的创伤障碍；劲往一处使，尽早扣好学生健康成长的第一颗"纽扣"。如果说心理咨询可以使学生不良心理状态得到调适，那么心理健康教育就要使学生的综合素质能力得到提高，在德智体美劳得到全面发展。

三、心理疏导与心理调适的现状

心理调适就是"适应、应对和处理日常生活中的挑战的心理过程"。主要因为每个人都受到政治、经济、社会、文化和生态的背景环境的影响。高校需要心理学专业人员帮助学生进行压力与情绪管理，在人际关系、生涯规划、人生发展中感受更多的幸福感、自我效能感和生活满足感；要帮助学生养成更好的学习习惯和沟通能力；对沟通能力的考查就要落足于某些具体的心理现象，如，学生出现吸烟、酗酒或网络成瘾，或者某些危险的反社会行为倾向，均提示心理出现需要干预的问题。无论心理调适还是心理干预，不仅需要丰富的心理学知识，还需要专业的技术技能和策略，这些都是开展大学生心理健康教育的重要途径之一。但是目前高校大部分的心理调适是辅导员对学生的主动进行，以及学生之间的朋辈心理调适，主动到心理咨询室寻求专业求助的学生仍是少数。武汉大学沈壮海等学者在《中国大学生思想政治教育发展报告 2016》中指出："有较多的大学生对心理咨询的认可度和接受度较低""男女、独生子女、家庭经济状况和学生干部在选择调节方式上存在显著差异""当遇到心理问题时只有 10% 的大学生表示'一定会'进行心理健康咨询""部分大学生采取了错误的非理性的调节方式"，如"2.5% 的男大学生表示会通过'抽烟、喝酒、不吃饭或者暴饮暴食'方式来释放压力、发泄情绪""在男大学生中，32.8% 的人明确表示当出现心理问题时不会进行心理咨询""很多高校的心理咨询机构成了摆设"。为此沈壮海教授提出了心理健康教育几点对策"多参加体育锻炼、多开展活动、开设心理健康教育必修课以及充分发挥心理教育机构主要是咨询机构的作用"。可见，心理调适确实是心理健康教育的其中一种方式，心理咨询包含其中，当为高校学生心理调适的时候，如果单一地以"守株待兔"的心理咨询模式进行下去，则心理调适的专业性就始终得不到用武之地。

心理疏导，跟心理调适不一样，是融合了认知心理学和人本心理学的一项言语沟通技术。最初是医师用于临床疾病治疗时对患者的人文关怀，解决他们的情绪、情感反应、心理问题或心理障碍，最终说服患者配合医师治疗。近年来，心理疏导因多领域引入使用已演变为一种社会工作技能。在思想政治教育中引入这一词，意为

"通过疏通与引导心理来进行思想政治教育"。武汉大学佘双好教授认为"在党的思想政治教育话语体系中的心理疏导与心理咨询有着本质的不同"，心理疏导是从心理学领域引入思想政治教育领域的专有名词，是在"说服教育"基础上发展而来的具有人文关怀功能的思想政治教育技术，这说明了引入心理疏导功能的思想政治教育手法更加多元化和科学化，疏导心理问题更行之有效了，也使心理学理论联系实际可发挥的作用更大了，使思想政治教育落足于人格养成的目标更加清晰了。实际上，心理疏导带有强烈的主动性，聆听、区分、提问、反映和引导的技术均可用上，哪里"不通"，就带上"工具"到哪里疏通和引导，这也就是辅导员的工作状态。辅导员疏导工作掌握的"工具"之一就是"心理疏导"，不能等学生来访，而是主动出击，哪里有问题，就要找准切入点进行心理疏导。否则，如果辅导员处理问题比学生慢半拍，这个"不通"就会演变成更大的"堵塞"，而这个"堵塞"又将引发更多的后续问题。所以辅导员经常要做"通"学生的思想工作，从思想着手分析，对期待的行为加以鼓励，对争议的行为进行讨论加以认识，对错误的行为坚决消除或纠正。一方面帮助学生把情绪宣泄出来，一方面要引导他们往积极的方面发展，不能让情绪憋在心里，"沉默少言"不仅不利于和谐，还会"逼出"消极的后果。除此之外，还可以个别学生的问题作为风向标，把案例置于群体当中考虑，从小范围着手，引发群体的关注和思考，组织开展针对性强的教育活动，这样也筛走一些"无病呻吟"的活动，创新一些有意义的大学生喜闻乐见的活动。应充分发挥朋辈教育的职能，还要解决一些具体问题，比如贫困学生的资助帮扶工作，积极关注男生的消极心理疏导，同时也要关注女生的情绪调节。

四、在心理健康教育的课程体系中系统应用弗洛伊德理论

中央一直非常重视从小学到大学的心理健康，把高校的心理健康教育定位于高校德育的重要组成部分，是"立德树人"的一项重要措施。广东省心理专家邱鸿钟教授主编的《大学生心理健康教育》指出高校心理健康教育的意义在于：深化大学生素质教育，与德育相辅相成，促其意志、个性、气质等非智能结构的完善，有助于心理障碍的早发现、早预警和早预防；其主要任务是帮助大学生树立心理健康意识，优化心理品质，增强心理调适能力和社会生活的适应能力；教育思路以课堂教学、课外实践活动为主要渠道和基本环节，充分体现学生为主体、教师主导，助人自助，促进学生自我成长。

在我给大学生讲授的心理健康教育课程中，包括心理健康基础知识、自我意识、学习成才、人际交往、恋爱与性、情绪调节、挫折心理、团队心理、职业规划心理准备等九个专题。所有这些专题中，我除了强调意识形态，还反复用上了心理学当中的弗洛伊德理论。运用弗氏理论专题需要唯物辩证的态度，是基于性欲理论而推出的三重人格结构理论，已然是极不寻常的革新，是"无意识理论"更是"革新与被革新的并存体"。他的《梦的解析》从1900年发表出版到公众的基本认可，仅发行600册就用了不止6年多时间才被逐渐热捧起来，后又反复出版了五次。到第二版花了9年时间，在

之后的 18 年里，反复出版直到第八版，期间翻译成英文版、法文版、瑞典版和西班牙语版等多种版本，直到 1951 年 3 月还出了英文版第三版。20 世纪 80 年代《梦的解析》被我国学者翻译成中文版。弗洛伊德理论一直就存在很大争议，是被人们逐渐认识和接受的，是从被普遍批判转变为大范围内被认可，整个过程是艰辛而曲折的。弗洛伊德在推出这个理论的勇气不是一般人所具备的，他敢于直面和剖析自己灵魂深处的细节，他说"梦是欲望的满足"，敢冒天下之大不韪，比如说梦中出现的物象几乎均与人的性压抑有关，称人对"性"的感觉，小朋友已有之；还有俄狄浦斯情结，用于解释儿子对母亲的依恋远超于对父亲，儿子和父亲的关系喻为"情敌"；而女儿对父亲的依恋更胜于儿子对母亲，受这个理论的影响，当今人们乐于把女儿唤作父亲的"小情人"。弗洛伊德对人的心理深层的探索非一般人所能坚持，对每一个个案进行询问和总结分析，他的结论之惊人使之受到否定和批判。他的患者、弟子、朋友，一个个离他而去，学界也几乎一致孤立他、轻视他，他经受住了不一般的困难。比如他对性冲动的研究曾一度让人以为他的是一个"性欲狂"，甚至认为他的理论有公众危害性。但是他仍然坚信自己的理论是"革命性"的，誉之为"人类获得文明的动力"。这确实是他基于大量的临床个案，对现象细致地研究而成的结论，并且在反复使用后确定有效且经受住重重考验，直至今天他的某些发现还得到了某些科学的验证。他的另一发现"无意识"无疑是伟大的，为人类找到了"意识"并非万能的理由，而且两者相比，人所能意识到的世界只是"冰山一角"，比无意识的世界少太多了！这个结论很重要，帮助人们客观对待"意识"，既不能对人的意识上升为意志像"二战"时纳粹主义一样极端滥用，又不至于在出现心理问题的时候丧失意志，意识、无意识以及意志都是人类一直感兴趣的话题，三者相互间通过什么方式发展或是有效转化，是近年来心理学界的研究前沿。此外，由于弗洛伊德理论对"梦"做了细致研究，因此这个理论还帮助人们从梦入手，对人的睡眠、生物钟、情感、人格形成等生理－心理－社会规律有了清晰的认识。这种认识具有非常积极而且广泛的意义。

一是睡眠意识研究有助于人们建立起养生的作息，特别是在当今快节奏的时代，人们需要大量的精力和时间去快速适应社会和处理各种问题，自己对自身的生理状态进行可操作性控制的意义巨大，同时还需要外部力量对这种自我控制加以引导，这样才能最大化地发掘个体的潜能。

二是意识记忆研究可正确认识人的学习规律。遗忘，是弗洛伊德最关注的一个点，配合艾宾浩斯的"遗忘"曲线正好讲清楚学习的规律，可以用在学习专题里讨论"人如何避免遗忘"。而弗洛伊德对遗忘的解释有另一层意思，是因为"无意识"暴露了拒绝，他以自己对父亲的某些重要遗忘做出了"内心拒绝"的解析，从而发现人们对事物拒绝的信息会存储在"无意识"当中，极大可能与性压抑有关，遗忘并不是信息进入人的认知后消失，只是没有被有效地提取出来，如何有效提取信息就成了学习专题的另一热点。言下之意，你的学习正受着什么影响，是因为情感吗？为什么你会受到情感的影响，是因为习惯吗？为什么你会有这种习惯，是因为人格吗？

为什么你会有这种人格，那就要追溯一下小时候的成长情况以及当前的所思所想了。至此，在"催产婆式"发问下，弗洛伊德的"三重人格结构理论"将发挥神奇的作用，个体的表现会出现两种走向："超我"要不被攻破，要不遇强越强。"超我"是第一道防线，个体被突破"超我"后，其"自我"只能袖手旁观，放纵了"本我"表露无遗，比如，当外界催问时，个体就会承认内心的真实想法；还有一些心理素质高的个体则表现超强的"超我"防守，即防御式阻抗，把"本我"深藏起来，留下"自我"机智地"表演"。

三是无意识通道研究促进脑科学发展。之前学者们纷纷对弗洛伊德进行强烈抨击，认为他的理论建立在精神有问题的非正常人群之上，而且没有严谨分组对照，缺乏科学性，特别是对于他的性欲理论与梦紧密联系的结论的偏颇性产生严重质疑。人们通过对脑功能的研究发现，人对信息的获取、存储和提取确实存在"意识"和"无意识"两种方式。"无意识"获取并存储的信息很稳固但很难通过"意识"提取，这是因为信息获取需要特定通道，有接触式通道、本体通道、听觉通道、视觉通道以及嗅觉通道等。获取的信息存储在脑皮层的不同区域，有效地提取这些信息需要特定的通道，比如表达说、写和动作，从而构成人的行为。若能有效地把"无意识"获取的信息有效提取进而加工，就能减少人的某些"无意识"引起的行为，由此使脑和神经系统被进一步开发起来。打通这些通道需要实现神经元的连接和信息传导，捕捉这些神经系统的活动轨迹，可以通过成像技术得以追踪，信息主要通过神经递质在神经元中传递，也能解释弗洛伊德曾在医治患者时大量使用自由联想法的科学性。在学习方法当中训练自由联想法，就是控制神经递质在脑皮层神经元之间的传递，脑和神经系统功能是被进一步开发，可以通过经常学习来刺激和打通更多一些通道才能让无意识和意识顺畅地连接起来。

四是弗洛伊德的研究技术可应用于思想政治教育中，比如个案研究法，这是源于医学方面对疾病的发生、发展和转归的研究方式。事物间有联系，事物发展有前因后果，追根溯源找到病因才有可能治好疾病。弗洛伊德是精神科医生，他在工作中恪守医案信息采集的严谨性，即收集—整理—系统分析，这决定了他的研究的逻辑性难以被质疑，属于实证性研究。他的结果分析也许会受到现实条件的限制存在某些认识上的先天不足或片面，比如人们总是质疑他收集的资料是否客观，有没有存在争议，但这是他毕生在做的一项工作，在工作过程中不断修正，并且争议的地方均被案例当事人——澄清、承认，因此臆测的成分极低。再者，他的《梦的解析》先遇冷后受热捧，反复再版超过 50 年的跨度，说明越来越多的读者肯定了他的结论，越来越多人接受了他的理论影响。据书中描述他与个案之间的交谈实质上是"结构式"访谈，运用了"治疗精神神经症的方法"（弗洛伊德语）解决了无数前往求助的个案困惑。值得一提的是，他最初的得意弟子荣格尽管最终另立门户，实则继承并发展了他的"无意识"而提出"集体无意识"的概念，称"原始意象"通过个体基因在种群中沉淀而来。比如小团体进入大群体促使大群体的"集体无意识"发生变化，这个小团体"集体无意识"却保持不变的情况比比皆是。比如客家人，广泛遍布于我国广东省内甚至国外有华人的地方。客家人最早是由我国中原人从西秦消灭中原六国后移民而来，始终继承着北方的生活习惯，包括语言、饮食和风土民俗。其"客家文化"与当时广东南方土著形成的"广府文化""潮汕文化"一起并称为"岭南三大文化"，为基因遗传"集体无意识"提供了力证，但是这个理解似乎不够全面。群体中每个成员都受到群体氛围的影响，大家的无意识经过时间的洗礼被融合、积淀、升华汇合成"集体无意识"，其形成浓厚的氛围又继续影响着群体中每个小团体和每一位成员。这个传递过程，基因无法在瞬间作为载体参与，例如客家人进入广东，既融入了当地一些南方文化，又丰富了广府文化，但与源自闽越的潮汕文化相比就明显保留了各自特色，这就是所谓"入乡随俗"但又和"和而不同"。完全被群体同化的情况也有，特别是小团体离开了一个大群体又到达另一个新群体的情况下，经反复被融合后可出现完全同化的现象。比如居住在香港新界的客家人，不仅语言被当地同化，连饮食、戏曲等民俗均被当地同化，因此人们并不相信这里曾经有过客家。这也从侧面反映了客家人强大的适应力和可塑性。尽管如此，客家人的习惯会因为基因的传承而依然留存在个别人身上，也许连他们自己都未必意识到。香港的客家文化是在 1970 年后被完全同化的，明显是受殖民文化的影响所致，但这并非说明西式文化比中国南方文化强大。例如，南方侨乡比比皆是，从国外回来的人们却丝毫撼动不了当地的"集体无意识"。除了侨乡的"碉楼""骑楼"，带点西式文化，其他的包括本土语言和饮食菜谱很少注入外国元素。而香港客家文化的蜕变，则是政治发挥主导作用的结果。因此，在我看来，"集体无意识"实质是"文化"的另一种诠释，虽然本身有着强大的引导力，但是仍然可被政治引领。"集体无意识"，就是群体文化形成的结果，可又反过来影响着当中的个体情绪调节和问题解决，最终迎合群体氛围，在群体中与其他成员和谐相处，最终使团队有效运作从而达到满足社会需求的目的。

　　"集体无意识"的概念已越来越广泛地被用于多个领域。在高校，"集体无意识"也毫无例外地对大学生发挥着无声的引导作用。辅导员在思想政治教育中首先应最先感知"集体无意识"的端倪，进而发挥对"集体无意识"的意识形态主导作用，其次是重构和发挥"集体无意识"对个体的导向性作用。这在完成高难度工作时尤为重要，比如大学生开展科技创新活动，如果"本科阶段没必要做科研"的观点成为"集体无意识"的引导，那么大学生的创新意识和开拓精神就难以建立起来。因此重点在打造科研团队而不是打造一两个优秀科研能手，在团队形成氛围后优秀个体脱颖而出，也是必然的结果。如此一来，"本科阶段开展科研"的"集体无意识"将不断增强，终将吸引更多的有能力的科技创新创业爱好者自觉地加入创新行列。辅导员解决学生的各种事务，一方面要解决个人问题，另一方面也要加强团队建设，终将建设一个又一个强有力的团队。这些团队可以是学校的党团、社团、班集体。大学生要尽可能地参与不同团队，发挥自己不同的作用，这是在大学里需特有的训练。与人合作的团队能力是帮助大学生在就业创业前需要开发的社会功能，是社会需要的能力和素质。因此辅导员要引导大学生完善团队合作的人格品质，时刻为当好社会主义建设者和接班人做准备。

构建和谐社会，全面建成小康社会，为建设社会主义现代化强国，实现中华民族伟大复兴而努力！

五、当弗洛伊德的无意识遇见马克思主义中国化的自觉

弗洛伊德的无意识理论无疑是个伟大的发现，他把人对所感知到的世界却产生的无力控制感全部装进了一座"冰山"，人们所能操控自己和外界的往往只是那浮出水面的"冰山一角"，水面下那巨大的"山体"决定着人类文明却让处于其中的个体压抑得难以自拔。他晚年的研究，更坚定地站在了他作为精神医生的角度，而且身处于"英国顶峰的维多利亚女王时代"，胆敢提出了人的性压抑是"精神分裂症"的主要根源，把当时他看到的性压抑也归于社会病态，由此成为最大争议的地方。行为主义者首先反对，心理学家华生称能让"一打儿童"培养成乞丐、律师和商人各种你想要的人，推出令人震撼的"强化"这个有力武器，引爆第二次世界大战的德国纳粹也明显受到了行为主义的影响。"第二次世界大战"期间恐怖的"集中营"里让男人当保姆，把嗷嗷待哺的孩子集中起来调教成他们想要的具有"激进价值"的战争武器，无论对人性还是对世界都产生极强的摧毁性。集中营里有儿童撰诗："在我的生命里我有那么多的需要：情感的温暖和一颗善良的心"。据英国作家吉塔·西林妮 2000 年出版的一本关于二战期间纳粹活动的书披露，在整个战争期间，德国纳粹军队曾在多个被其征服的地区绑架了近 25 万名儿童送到德国，并实施一系列的"洗脑"教育，这些被系统"德国化"的儿童，按照西林妮的看法他们中的大多数后来已被成功地"洗

脑"，再也不愿跟自己悲惨的过去有任何联系。人类对待自身总是革命性的，无论对精神分析理论，还是行为主义理论，人们总是采取"否定之否定"的辩证态度，让这些理论无一不经历了"兴起—衰落—兴起"的生命周期。随后是人本主义者站出来反对行为主义，马斯洛把欲望分层装进了"金字塔"，在塔的顶端盖上人们喜闻乐见的"自我实现"，这又是一个伟大的发现，提出了更可持续性发展的思维动力，把人类文明向美好乐观又推进了一大步。而弗洛伊德的"力比多"理论还引发了人们对动机和内驱力的思考，由于与进化论的适者生存契合，促使心理学家 R. S. 伍德沃思创立了"动力心理学"，弗洛伊德的得意弟子荣格，发展了无意识理论并创建了集体无意识理论，弗洛伊德的女儿安娜则发展并创建了儿童精神分析学。"第二次世界大战"结束后，随着计算机的发明，在冯特的实验心理学基础上认知心理学应运而生，使精神分析研究的春天又至，脑神经研究再次开启了无意识和意识的系统研究。可见，弗洛伊德理论的生命力之强。行为主义也同样与西方政治学一起产生了"行为主义政治学"，极力要实现研究对象、研究过程和研究结果三方面的"价值中立"。而我国政治学者纷纷论证政治不可能让行为主义偏离价值导向：罗爱武等人认为"行为主义政治学把这一主张的适用范围过于夸大，又导致其丧失了其合理性，实际上社会科学研究要做到完全价值中立是不可能的"；陈刚等人认为"政治学研究不可能，不必要，也是不应该放弃价值判断"。

　　弗洛伊德的性压抑学说是最遭反对的理论。他对爱欲的理解也是从无意识发展而来的，最终却泛化了这个意义，认为爱欲产生的根源一方面缘于性本能，一方面借助社会文明而升华。人的性本能冲动构成了文化和文明的基本动力，如果真这样的话，性与性器的关系就逐渐脱离了密切关系，即性不再只是为生殖服务，文明与性欲之间逐渐出现不可调和的矛盾。西方马克思主义者赖希（1934年）是弗洛伊德的另一个学生，是弗洛伊德理论的忠实支持者，认为精神疾病的治疗需要改变社会、家庭、社区，他创建了"弗洛伊德主义的马克思主义和性革命理论"。

弗洛伊德理论一旦泛化，就注定要被政治家们否定。如果人一开始就败给他的无意识，那么就会恐惧、就会妥协于他所处的环境和社会，也就不会有勇气与现实的不公平抗争。如果人类全部的妥协在于性，那么母系社会就不会被打破，也就不需要有政治家，更不会有预言家来影响人类社会的"集体无意识"。预言家是不安于现状努力探索未来的人，之所以预言，是他们对自己把握了的社会规律具有强大自信。而政治家，不止于预言，更要投入革命，要成为具有彻底勇气的人。他们一定会强烈批评弗洛伊德的妥协，特别不能容忍那些为解放人类而完全敞开性欲之门的想法。

弗洛伊德的"无意识"理论确实很伟大，但他把性欲泛化是极危险的事情，很可能是受他的职业和来访者的背景单一所限。他生活在维多利亚时代，其时性道德观占统治地位。他接触的病人都是有一定社会地位的人，大多是清教徒，吃斋寡欲，性压抑比较普遍。他的研究与马克思是两个不同的世界，一个微观，一个宏观；心理问题总是细腻的，政治问题总是宏大的；一个是"三头人"坐在自己的"冰山"上瑟瑟发抖，一个是彪悍的圣斗士正领着一群人在此岸瞻望着彼岸的"自由王国"等待时机随时振臂一呼，重拳出击。在做心理健康教育的时候两个理论不必强行取舍，从实践效果出发，理论指导实践，一个管说服，一个管战斗，缺了谁似乎都不够完美。

马克思（1818—1883年），被誉为犹太裔德国哲学家、经济学家、社会学家、政治学家、革命理论家、新闻从业员、历史学者、革命社会主义者等。其恢宏气质源于他不平凡的一生却从一而终的职业理想。他劳碌奔波，四次被政府流放长达40年，却矢志不渝地持续着无产阶级的斗争意识，终身为工人阶级的解放服务。首先，马克思讨论的用词就不一样，用"需要"代替"欲望"，这两个词表达的意思是一样的，但前者更文雅含蓄，职业人不能太直接露骨，后来马斯洛的"需要层次理论"也是这样表达的。其次，马克思更注重开发"意识"的功能。在《1844年经济学哲学手稿》中讨论过"有意识的生命活动把人同动物的生命活动直接区别开来"。随后在《德意志意识形态》中分析："人类生存的第一个前提，也就是一切历史的第一个前提""是能够生活""为了生活，首先就需要吃喝住穿以及其他一些东西""因此第一个历史活动就是生产满足这些需要的资料""已经得到满足的第一个需要本身、满足需要的活动和已经获得的为满足需要而用的工具又引起新的需要，而这种新的需要的产生是第一个历史活动"。接着他认为"当需要的增长产生了新的社会关系而人口的增多又产生了新的需要""人们之间一开始就有一种物质的联系""意识由于交往的迫切需要才产生的""意识一开始就是社会的产物""人和绵羊不同的地方只是在于：他的意识代替了他的本能。"可见，马克思在"先有鸡还是先有蛋"的问题上，充分论证了物质前提，意识接踵而来，强调"不是意识决定生活，而是生活决定意识"。

伟大的政治家着眼点于"何为人"这个问题，切入点是"国民经济学"，说明他对整个现代工业的运作过程以及出现在此过程中的每个环节都相当熟悉。在讨论人的本质时，马克思批判"黑格尔设定人＝自我意识，并把人的本质的全部异化看成不过是自我意识的异化。"① 旗帜鲜明地打出："人的本质并不是单个人所固有的抽象物。在其现实性上，它是一切社会关系的总和"②。区别就是，自我意识的异化是人的本质的现实异化的表现，不是"＝"的关系，而是包含的关系。自我意识⊂人，自我意识的异化＝人的本质的现实异化⊂人的本质的异化，然后毫不含糊又指出"经济的异化是现实生活的异化"。可见，马克思对"异化"的认识源于经济，而经济对人的自我意识也会产生根本的影响。所以除了黑格尔认为的"自在和自为之间、意识和自我意识之间、客体和主体之间的对立"，实际上还有其他更重要的对立。马克思还批判费尔巴哈把人的本质异化成"另一种形式和存在方式"的宗教，"从来不谈人的世界，而是每次都求救于外部自然界，而且是那个尚未置于人的统治下的自然界"。指出"自然界的人的本质只有对社会的人来说才是存在的"③，"普遍意识是现实生活的抽象"④ "个体是社会存在物"⑤

---

① 马克思. 1844 年经济学哲学手稿［M］. 北京：人民出版社，2000：102 – 103.
② 马克思. 关于费尔巴哈的提纲［M］//马克思，恩格斯. 马克思恩格斯选集：第 1 卷. 北京：人民出版社，1995：18.
③ 马克思. 1844 年经济学哲学手稿［M］. 北京：人民出版社，2000：83.
④ 同①：84.
⑤ 同①：86.

"对象性的现实在社会中到处成为人的本质力量的现实"① "工业的历史和工业的已经生成的对象性的存在,是一本打开了的关于人的本质力量的书" "人的对象化的本质力量以感性的、异己的、有用的对象的形式,以异化的形式呈现在我们面前。如果心理学还没有打开这本书即历史的这个恰恰最容易感知的、最容易理解的部分,那么这种心理学就不能成为内容确实丰富和真正的科学"②。接着他对黑格尔法哲学的扬弃:"否定的否定是否定作为在人之外、不依赖于人的对象性本质的这种假本质,并使它转化为主体"③。马克思对黑格尔这个"人的对象性本质"的否定,实质是批判黑格尔的片面性"把劳动看作人的本质,看作人的自我确证的本质;他只看到劳动的积极的方面,没有看到它的消极的方面"④。他还反对那些打着"共产主义"的招牌把妇女变成公有的和共有的财产,"人对人的直接的、自然的、必然的关系是男人对妇女的关系" "这种自然的类关系" "通过感性的形式"成为自然,"在何种程度上" "人的本质在何种程度上对人来说成为自然的本质" "人具有的需要成为人的需要"⑤。可见,他对性关系的理解也是站在职业的、社会的、革命的角度去理解的。我们可以跟着马克思的视觉,开阔对人连同与人相关的方面也一同都认识了。

　　马克思不仅辩证地解释了"人从哪里来",还具体指导"人到

---

① 马克思. 1844 年经济学哲学手稿 [M]. 北京:人民出版社,2000:84.
② 同①:88 – 89.
③ 同①:110.
④ 同①:101.
⑤ 同①:80.

哪里去"。马克思诞辰已 200 年，马克思主义理论指导着无产阶级斗争取得了一个又一个胜利，在新民主主义革命和社会主义建设实践中不断验证了其正确性和科学性，并继续显现出强大的生命力。他于 1844 年探讨了什么是共产主义，"是私有财产即人的自我异化的积极的扬弃，因此是通过人并且为了人而对人的本质的真正占有；因此，它是人向自身、向社会的即合乎人性的人的复归，这种复归是完全的，自觉的和在以往发展的全部财富的范围内生成的"。三年后《共产党宣言》发布，马克思主义就一直散发着伟大的光芒。列宁主义是列宁在领导 20 世纪初期俄国革命的实践中，把马克思主义与无产阶级革命相结合而创新发展了的马克思主义理论；毛泽东思想是马克思列宁主义的基本原理同中国革命的具体实践结合而产生的理论指导中国取得了新民主主义革命胜利；邓小平理论是继承和发展了毛泽东思想，把马克思列宁主义的基本原理同当代中国实践和时代特征相结合的产物；"三个代表"重要思想是继承和发展了前期这些理论进而成为党加强和改进自身建设以适应当代世界和中国发展的指导思想；科学发展观则一脉相承又与时俱进发展了马克思主义中国化理论并且继续解答了党在新形势下何以持续发展的宏大命题，这些理论指导中国在改革开放 40 年来取得举世瞩目的成绩；习近平新时代中国特色社会主义思想则接过了"马克思主义中国化"这根接力棒，"不忘初心，继续前行"，带领中国人民向着全面建成小康社会继而建成富强民主文明和谐美丽的社会主义现代化强国而进发。再看看国外，近一个半世纪以来，马克思主义不仅推动了瑞士、波兰、德国、英国和俄国等欧洲国家的无产阶级运动，还帮助美国等西方国家挽救了经济危机。据互联网百度百科资料显示，1867 年问世的《资本论》总是在经济危机时期卖断货，被誉为"工人阶级的圣经"。1999 年，英国剑桥大学文理学院教授们发起评选"千年第一思想家"，结果马克思位居第一，爱因斯坦却位居第二。2005 年 7 月，英国广播公司以古今最伟大的哲学家为题，调查了 3 万名听众，结果是马克思得票率第一、休谟第二（马克思以 27.93% 的得票率荣登榜首，第二位的苏格兰哲学家休谟得票率为 12.6%）。

中国共产党始终坚持马克思主义指导思想，通过《中国共产党章程》（以下简称《党章》）对党的指导思想进行细致规定，进而权威引领全党政治、思想、组织和行动统一，总结了党和国家的成功与失败经验和教训，发扬党内民主、集中全党智慧、顺应时代潮流、坚持理论和实践结合。《党章》长期坚持和不断发展中国特色社会主义道路，形成中国特色社会主义理论体系，确立了中国特色社会主义制度，发展了中国特色社会主义文化，自信地高举中国特色社会主义伟大旗帜，领导人民推进现代化建设、完成祖国统一、维护世界和平、实现中华民族伟大复兴。党的十九大指出我国发展进入了新的历史方位，把习近平新时代中国特色社会主义思想写入新党章，使党的指导思想做出了第四次伟大的历史性飞跃。这是自 1922 年党的二大产生第一部《党章》以来的第 17 次修改，党的理论得到了进一步创新和全面推进。《党章》强调："加强社会主义核心价值体系建设，坚持马克思主义指导思想，树立中国特色社会主义共同理想，弘扬以爱国主义为核心的民族精神和以改革创新为核心的时代精神"

"对党员要进行共产主义远大理想教育""不断巩固马克思主义在意识形态工作领导权"。党的十九大报告在强调文化自信时指出，"必须推进马克思主义中国化时代化大众化""要以培养担当民族复兴大任的时代新人为着眼点""要提高人民思想觉悟、道德水平、文明素养，提高全社会文明程度""中国共产党从成立之日起，既是中国先进文化的积极引领者和践行者，又是中华优秀传统文化的忠实传承者和弘扬者"。

在马克思主义中国化理论指导下高校应发挥教育功能，须遵循教育规律，"教育有两个规律，一是必须适应社会的发展并为社会发展服务的规律；二是教育必须适应人的身心发展并为人的身心发展服务的规律""又可称为教育的外部规律和教育的内部规律""教育是人类自觉的有目的有意识的活动"①。改革开放 40 年以来，中国发生了翻天覆地的变化，人的解放很大程度得到实现"苟日新，日日新，又日新"，人民日益增长的物质文化需要同落后的社会生产之间的社会主要矛盾已转化为人民日益增长的美好生活需要与不平衡不充分的发展之间的矛盾，这就需要我们继续用好马克思主义中国化的最新理论，即习近平新时代中国特色社会主义思想，去指导解决林林总总的现实问题。每个人以及他所处的群体都有可能遇到具体的问题和矛盾，这些问题和矛盾存在于家庭、学校、社区、各行各业当中，应该从政治的、经济的、社会的、文化的、生态的五个方面，去思考和积极解决问题和矛盾的办法。从一些共性的问题出

---

① 张澍军. 学科重要理论探索：我的 18 个思想政治教育见识见解 [M]. 北京：中国人民大学出版社，2018：418-419

发比如心理的、生物的、社会的，从多重角度去分析，积累知识、理论联系实际，脚踏实地地开展工作。

高校立德树人，目的是要培养符合新时代社会需求的人才，自觉做中国特色社会主义事业的合格建设者和可靠接班人。高校开展德育就是坚持把马克思主义理论中国化最新成果指导实践的过程，同样需要遵循规律。"把握德育规律，根本就在于把握德育者把社会所要求的思想道德要求变成德育对象的思想品质，进而转化为自觉行为实践的规律""德育规律的独特形态，是人的行为实践属性和意识运动属性的统一"①。辅导员直接指导大学生情感和行为养成，就是要跳出"无意识"，极力发挥意识的功能在实践中培养学生在解决各种问题的自觉中具有高觉悟和政治性，不放过每一个行为细节，有策略地修正大学生不合时宜的"意识"，把社会主义核心价值观融入其情感，最终助其自觉地修正自身的不当行为。在新时代的背景下，辅导员就是在前期的经验基础上，通过科学途径帮助大学生提升思想觉悟和自觉的综合素质，为他们将来走向工作岗位争做社会主义建设者和接班人而努力。

---

① 张澍军. 学科重要理论探索：我的 18 个思想政治教育见识见解［M］. 北京：中国人民大学出版社，2018：424.

第五章

基础心理学提示思想政治教育范畴

　　除了发挥政治导向作用，思想政治教育强调社会需求引导，这在以往教育中相对少，使得社会对个体价值的关注少一些，就像在视角中如果关注的总是宏大总体，那么其视野中难免忽略对细节的把握。"在思想政治教育这种社会现象中，作为个体的人是不可或缺的""教育者对受教育者的思想道德建构活动提供建构活动的客体——社会主导的思想道德文化，并且通过各种方式对受教育者思想道德建构活动的动力系统、导向系统和调控系统施加影响，使受教育者的思想道德素质发展由自发状态转变成为自觉的思想道德建构活动，以便实现'教而不教'的最高理想""思想政治教育研究的首要任务就是要从现实的人和人的现实的活动出发，把思想政治政治教育问题还原为人的现实生活中的问题""人的能动性成了人的思想道德素质发展和思想政治教育的必要前提"①。这个理论提示了，如果辅导员在做大学生的思想政治教育工作时，只强调单方面引导集体的发展方向符合社会需求，效果总是一般，可能还要照顾集体当中的

---

　　① 张耀灿. 思想政治教育学前沿［M］. 北京：人民出版社，2006：304 – 316.

成员即每个大学生的特点。

　　基础心理学的研究对象是个体心理，包括认知、情绪和动机、能力和人格等，随着发展需要，跨学科知识不断交叉融合，逐渐融入了团体心理学和社会心理学等知识。辅导员在思想政治教育工作中融入基础心理学知识，可以拓宽思想政治教育的知识领域，在学生现有的素质能力构成的基础上，进一步明确方向，完善现有的认知机制、情绪发生机制和动力机制等，使思想政治教育的研究发展更活生生。比如认知机制，开启于语言学习，而语言使文化形成最重要的因素之一。我们在学习语言的时候，包括母语、本土语言和外来语言，是有层次性、阶段性和条件性的。例如，教师参加全国普通话水平测试、大学生参加全国四六级英语考试，说明语言的掌握是一步一步发展而来的，需要通过不断学习才能达到更高的层次。人之初，只需要用简单的语言就能与母亲交流，语言用词很少，语法也很简单，以重复为主，比如说杯子，小朋友总是说"杯杯"，喝水，就说"水水"，这样也能沟通，但是范围明显很窄。随着年龄成长和人与人交往的需要，人的活动范围越来越广，表达的方式越来越复杂，这就要扩充词汇量，语法也丰富起来，否则词不达意甚至被误解。到了成年阶段，为顺应职业事业发展、科学研究的需要，还得扩充更多更复杂的词汇和更丰富的语法，以便与世界各国的人接触以及在各种场景中交流，语言的学习尤其重要，特别是在我国"一带一路"政治的需求下，掌握一门外语已经远远不够，还要在语言上与"一带一路"沿线国家的人们都能交流通畅。除了沟通交流，语言还承载着文化传播的功能，比如诗词，不仅仅艺术地表达了情感情怀，还由于精炼、凝聚着多姿多彩的意义且朗朗上口而被千古传诵。随着网络资源的不断开发和应用，多国语言的即时翻译工具已快速播散，人类在政治经济社会文化生态方面不断融合，激发出越来越多的奇迹，使习近平提出的构建人类命运共同体的梦想已不再遥远。

情绪的发生，是与人的认知密切相关并显然跟人的直接需求有关。马斯洛的需要层次理论认为人的需要是满足了低层次再到高层次，但马克思就此曾指出，无产阶级与资产阶级的需求差距先天性越拉越开，无产者最终要靠革命才能赢得满足各种需求的机会。但是"象牙塔"里的大学生，怎样满足他们的需求？他们有的似乎更关心手机有什么新游戏、朋友圈的信息更新了没有、哪个明星怎么样了、社团需要的舞台申请到了没、经费有没有到位、期末考试考什么、某个感觉不错的同学是不是可以跟他建立持久的关系等等，显然面对不同的需求困惑，就会有不同的情绪表达。跟社会"大熔炉"相比，大学"象牙塔"明显不同，氛围总是快乐的，这使得个别内心有痛苦的学生感觉自己很特殊，有时候就把一些负面的情绪发泄给自己小圈子里的其他伙伴。大学生存在"四不想"现象，不想学习、不想参加活动、不想听课、不想考试。其可用时间被打发得支离破碎，整天浑浑噩噩，到最后一事无成，甚至毕不了业，被学校清退，有极个别想不开还自寻短见。这不禁让人发问，为何有的学生在大学里没有成长起来，还产生了如此多的负面情绪呢？读大学的动力在哪里？如果要出人头地发大财也可以不读大学呀！有的专业还因为高要求而令人望而生畏，比如医学，这个专业需要参加高考且获得很高的分数才能入读，而且个别读起来艰辛、从业后却很担心，怕遇到"医闹"导致毕业后改行。以上各种情况表明，分析大学生的需求应从求职初心开始，兼顾未来走向……思想政治教育正不断扩充心理学知识……不禁让人思考怎样培养大学生学习和工作的动力问题。

动力机制最初用于解释物理现象，之后被更多地用于研究经济发展，特别是用于产业发展比如农业、工业和服务业。产业企业化，就是通过一定的动力机制把土地、劳动力、资本、技术和企业家素质等生产要素有机运行起来达到盈利的目的。把动力机制用于人的教育，就是要提升人的综合素质、核心素质和意志力，实现人的全面而自由的发展。然而人的能力和素质是相对稳定的，要提升能力和完善素质并不那么容易，需要打破原有的知识结构环，然后经过新知识的同化，使结构环扩充和丰富达到一定程度后再闭环形成新的知识结构环。思想政治教育扩充了心理学基础知识后可打造"认知机制—情绪发生机制—动力机制—素质能力重构"机制系统，这需要教育者，尤其需要辅导员不断训练育人技巧，在宏观教育中关注育人细节，收放自如，从而达到"润物细无声"的结果。

一、在个体正常心理活动基础上开展思想政治教育才有效

心理学对个体心理状态的描述有特定的称谓：正常心理（又称常态心理）、异常心理（又称变态心理）以及病理心理（即精神异常）。开展思想政治教育的前提基础是个体保持正常心理以及部分可转化为常态心理的异常心理。如果由于各种原因导致个体不在正常心理状态，个体的认知也许正走进一个"死胡同"，其社会功能就会下降，注意力将难以集中。那么要求他提升意志力就需要克服很大的困难，甚至是对牛弹琴的，结果往往会事与愿违，逼出一个南辕北辙的结果。个体处于病理心理时，他的主观认知与外界客观事实已不相协调甚至出现幻觉、幻听，其个性也不稳定、心理活动知情意已不能达到一致，这个时候要说服他治疗疾病，如果他连需要治病的自知力也无，那么极有可能已到了精神疾病的状态，需要权威的精神病专科机构去诊断和治疗。不在正常的心理活动基础上，再多的思想政治教育也是于事无补的，甚至还会引起他的敌对情绪。这里判断是否是病态心理是需要慎而又慎的，不要将所有异常的心理状态悉数归于病态，必须遵循"病与非病"三原则，最终还要由权威医疗机构进行病理认定。

在日常工作中，怎样转化异常心理存在很大难度，因为异常心理需要鉴别诊断排除病态，严格将两者区分开来确实有难度。张伯源等人提出可以通过一套标准进行区分，即"统计学标准、社会适应性评分、个人经验、体检指标、心理测试"。尽管有这套标准，但每项评分依然带有很强的主观性，所以要经由多人评判后取平均分。所谓统计学标准，就是指人群当中某种心理指标呈正态分布，最集中的68%的区间提示了正常心理，是人群里大部分人的心理，异常心理分布在"倒U型"曲线两边各2.5%的小区间里，处于这"一头一尾"两部分属于人群当中不易接受的心理，但拥有一些非常人心理的个体不一定会影响认知、情绪和意志的协调一致进而影响心理健康。如果躯体健康受损，常常会反过来又影响着心理健康，但是无论躯体健康还是心理健康，个体的心理活动都由正常心理与异常心理交织进行，这已成为影响思想政治教育效果的主要因素之一。辅导员判断个体是否具有异常心理或病态心理活动已成为必需的工作技能，只有准确判断，才能对异常行为或边缘化的行为有效进行导向性纠正。心理学家认为，正常心理活动包括："智力正常、意志健全、情绪健康、人格完整、行为协调、人际和谐、反应与年龄相符适度。"大学生考上大学实属不易，例如在广东省这样的高考大省，每年参加高考的学生人数有七八十万之多，高考人数位于全国前列。都是经历过"千军万马挤独木桥"考验的大学生，其整体智商正常偏上是没有疑问的。大学生若每天准时出席教学活动，积极参加课外活动，与同学和谐相处，获得师生好评，考试紧张有序，没有挂科，还能争取高分，其心理状况可视为"正常"。出现心理障碍较多的表现为环境适应不良、学习压力大、考试前高度紧张和焦虑、特别怕当众说话人际交往不适、人生观和价值观相对消极。常见的心理误区是认为自己没毛病、把不可能完美当借口，有的学生觉得社会对自己不公平、认为心理问题不可逆、把适应理解成顺从、与心理问题对号入座。学生个人成长中遇到的矛盾冲突可以总结为独立而又依赖、闭锁却渴望理解、理想化与现实主义交织、求知欲强却鉴别力低、性生理早熟却与性心理晚熟并存等特点。

　　思想政治教育最迫切需要解决的问题是提升大学生学习的意志力，日常中最标志性的薄弱表现就是"四不想"：不想看书、不想听课、不想参加活动、不想考试。可能大家会认为这不就是惰性吗，这种惰性偶尔出现一下似乎也正常，但是如果出现频率很高，而且不符合常理，比如他很喜欢某门课程但又多次旷课、明明遇到悲伤的事情却显得很高兴，这就不正常了，需要特别关注。"四不想"反映的是个体的精力不足、注意力涣散、社会功能缺失、学习能力低，再深层次探究，很可能是由于某种原因导致了个体的心境抑郁或焦虑、学习习惯和生活习惯以及饮食和睡眠等方面都极可能存在不规律。出现上述情况就要注意转介到专科医院，鉴别诊断心理问题、神经官能症、精神病等，特别要专业判断抑郁的程度，可以通过主观评判自评量表、配合生物学检查以及精神科医生的专业判断而定。无论男生还是女生只要确诊抑郁症，都应注意防备自杀的倾向，这一点近年来已得到高校老师们的广泛认同。辅导员不必因噎废食，害怕不良后果而放弃对学生疏导，可以通过鉴别诊断合理治疗，经过专业的、严格的、科学的手段充分鉴别诊断，排除"病性心理"和难以转化的"异常心理"。这部分人的所谓异常心理，就是基于统计学对人群某指标量化后的正态分布的基础上，通常把"钟形"曲线中间68%的那个区域即指标均数 ± 一个标准差范围称为"正常心理"，而两边各2.5%的区域基本可视为"异常心理"。人群当中异常心理的人数虽少、其表现也是最令人费解，当中包括了部分超常心理。比如人的智商就是如此划分，天才和白痴就处于人群两头的1%里面。其实个体表现跟所处人群的整体水平有关，因为无论多大容量的测查都还不能完全找到"总体"。比如世界大范围的"价值观"调查，如果抽样数据处于总体的偏态上，那么就算个体的数据落在所抽样群体的"正常"范围，相对于总体而言也依然有可能异常的。换言之，如果个体的某项心理指标在某个群体当中落在"异常"范围，而换成别的群体很可能是正常的，比如外来人食谱与当地人的就有明显差异。湖南人喜欢吃辣椒，来到广东继续狂吃辣椒，他的食谱明显跟广东人不同这是很正常的事情，但一个土生土长的广东人，突然狂吃辣椒，那就不正常了。这个个性突然改变就需要了解情况，就算某个广东人嫁给湖南人也不可能因为"爱屋及乌"而马上发生质的改变。个性改变往往提示病态心理的出现，应该进入"病与非病"的鉴别环节。所以思想政治教育禁止出现为学生"贴标签""一刀切"的处理，要出于安全的考虑，与家长充分做好学生的思想工作，让家长与学校达成一致态度，趁早对疾病进行专业干预，甚至规劝学生休学治疗。有不少家长对心理和精神疾病往往避而远之，极不愿意自己的孩子出现这种"病态"的诊治，担心检查结果会对大学生造成极大的负性影响。实际上，错过诊断期和治疗期才是最大的"负性"影响。因此，要对家长进行思想工作，获得对疾病的一致认识是首要一步，其次就是赶紧带学生到权威医疗专科机构评判心理或精神状态，才是最终有效解决"问题学生"的关键一步。

二、基于基础心理学课程上的系统开展自我意识教育

自我意识教育对个体教育有着积极重要的意义。自我意识教育要从认识个体心理活动的一般规律入手，从接收外界刺激开始，对包括视觉、听觉、嗅觉、味觉、触觉等信息进行神经系统的处理，受注意、意识，或无意识处理后，使人产生知觉、错觉或无反应，随后进行思维和激活记忆系统，激发语言、情绪情感和各种行为反

应。整个过程是"信息输入－信息处理－信息输出"的过程，同时还受到动机、能力和人格等因素的影响。最终个体对所处的团体和社会环境产生各种效应，这种效应如果是积极的则能促进个人和团队的创新和发展，如果是消极的，就会阻碍创新和发展。辅导员要清楚基础心理学知识点的运作规律，为大学生开设基础心理学课程，可以依据心理学的发展历史轨迹说明一些理论产生的逻辑并在这个基础上介绍基础心理学的知识点，向学生系统介绍人的心理活动过程，特别要明确向大学生讲授这些知识的重要性和必要性，最终目的是激发大学生的自我意识，引导他们的自我教育、自我管理和自我服务，使大学生在待人处事方面获得更多的启发，从而提升自觉主导的综合素质，凸显"为不教而教"的教育效能。"不教之教"的教育理念在我国古已有之，出自《吕氏春秋·君守》："不教之教，无言之诏。"强调教育重在"行为"示范，不直接说教。

心理学研究表明了自我意识的功能有以下三方面。一是决定个体行为的持续性与合目标性。在一定范围内，自我意识越积极成就动机就越强，学习投入就越大成绩提升就越明显，说明人的实质就是自我意识自觉，这样才能更容易达到与社会目标一致。二是决定个体对经验的解释。如果个体根据以往的经验判断自己能力一般，那么需要付出努力时就会因犹豫而有所保留，取得的成绩也只能一般。这种自我解释虽然也是尊重了规律，但是降低了个体的期望值。如果期望值总是偏下，个体的潜力就不能被激活，创新就难以实现，所以说成绩不好很可能就是自己"等"出来的结果。正如马云所说："今天很残酷，明天更残酷，后天很美好，但是大多数人死在明天晚上，看不到后天的太阳！"说明个人的自我意识具有驱动作用。三是决定自我意识的目标。就是要自我控制，在明确"我是谁""我在哪里"之后就要明确"我要去哪里"。因此，自我意识是个体达到某个阶段之后对自我的哲学判断。通过自我激励、自我暗示、自我约束、自我把握人生，进一步养成良好的个性心理品质、准确合理规划人生、处理好人际关系，加强现阶段大学生自我意识的训练。

根据日常一些观察，大学生的自我意识可经过"依赖—浮躁—沉稳"三个阶段，迅速发展和分化。自我意识有的明显飞跃、逐渐成熟；有的明显滞后，从而出现个体差异。自我意识分化，意味着自我矛盾开始出现，自我意识矛盾日益突出，自我调控能力从相对滞后逐渐壮大起来，呈现"矛盾不断激化－混乱－矛盾不断转化－渐趋稳定"的模式，使主观我与客观我、理想我与现实我逐渐统一起来。所以，大学生思想意识具有自负与自卑、理智与情绪并存的现象。大学生如果立场不坚定，就会焦虑、抑郁，陷入一种不能自圆其说的困顿中，认为自己具有双重人格，有时候还后悔自己曾经有过的想法、做过的决定，甚至会动摇了本来正确的立场。现阶段的大学生自我意识教育，就是要树立正确的政治立场，把社会主义核心价值观融入情感认同与行为习惯，积极悦纳自我、正确认知自我、经常反省自我、多角度评价自我，保持乐观开朗的态度，不骄傲也不消极，全面看待自己的优缺点，坚定自信心，有效控制自我，发挥自身特长、挖掘自身潜能、健全意志品格、重塑自我、不断超越自我，最后对标社会要求，加强自我意识训练。

三、培养自觉是思想政治教育的生长点

思想政治教育，一方面要融入心理健康教育的内容，一方面要引入心理学研究和职业教育的方法，旨在提升工作效果。美国职业指导专家霍兰德说，预测个人职业选择最有效的方法是询问这个人自己想做什么。思政教育要培养自觉，就是要求大学生在明确自己成长成才的出发点后，自在、自为地度过整个过程，并且以这个阶段的成果助自我自信地走向未来，最终落足于实现理想，这样就大大拓宽了思想政治教育的覆盖面和关注点。教育的打开模式不能只限于严肃的政治说教和约束，不强求体会炼狱般的痛苦，也不是宽松地放纵纯粹的"快乐原则"，而是训练在活泼氛围下的鹰击长空般的探索。把看似无谓的探索"嚼出"意义感，把不可能变成可能，让每个人都能体会到源于自身的"奇迹"，使每一颗星星在刹那间放大升腾成火球。

如何培养学生自觉，在于辅导员如何开展工作。根据教育部的要求，在于辅导员更科学有效地开展工作，首先对标思想政治教育学科思路、研究现状、前沿和开发，其次可以考虑开创辅导员学科建设，要有学科定位、学科方向、发展层次和队伍建设。如建设学科带头人、学科梯队、科学研究、人才培养，以及学科基地：实验室、重点学科、研究设备，以及学科管理。学科的形成需要把握"生长点"，而思想政治教育的生长点如流程、目标、监测指标等在于培养学生的"自觉"，缺少了自觉，就缺乏了"内生动力"，就算有再好的教育环境，也不能使思想政治教育达到理想状态。

　　成功学生案例分享一：范同学，中共党员，是 2006 届我校第一批本科层次的护理专业毕业生。当时医科类院校的护理专业普遍都是大专以下，入校分数较其他医学专业低，学制三年，改为本科后，学制变成四年，很多高中毕业生不能理解和也不接受，几乎没人首选护理专业，只能从其他专业调剂过来，而且清一色是女生学员。范同学却克服了对这个专业的不如意感，在读四年期间，不仅成绩优秀，还担任学生会干部，在学校共青团任职。她经常参加学校组织的社会实践活动、"三下乡"志愿服务活动，毕业后经过选拔留在学校附属医院担任儿科护士。2007 年我国派送 10 名中国援外志愿者、援非文明使者来到塞舌尔，其中包括 3 名教师和 7 名医务人员，范同学经过选拔也有幸成为了其中一员。几个月来，他们团结奋进、热忱服务、无私奉献，深受当地官员和民众赞扬。记者前往在塞舌尔采访时，也不断被他们生活中的一言一行，工作中的点点滴滴所感动。其中报道了这位，来自广州护士来到维多利亚医院工作的事迹。她曾接诊了一名高烧不退的 3 个月患儿，孩子的母亲已被确诊为艾滋病患者。明知这名婴儿无疑也患有艾滋病，她毅然抱起患儿，每天为他查体、喂药、打针、洗澡。孩子的病情有了明显缓解，一见到她就露出可爱的笑容"。2007 年，胡锦涛访问非洲八国，2 月 9 日来到了塞舌尔慰问了援非志愿者，并与她们合照发回来学校。中国青年网 2015 年 5 月又记载了另外一位援塞志愿者事迹，原来他与范同学正是夫妇俩，先后去了援塞。塞舌尔与中国于 1976 建交。位于印度洋上，远离大陆，资源匮乏，人口 8 万，是教育水平不高的非洲国家。点评：是什么动力使一个并不起眼的毕业生刚刚从学校毕业，就通过了重重选拔考验，选进援非志愿者之列？面对工作环境的艰辛和高风险的病患，是什么给了她这种勇气和精神，而且还把这种精神传承给了她的家人？用她自己的话说："我在塞舌尔的这一年是人生中最宝贵的财富，通过志愿服务，对工作、对生活、对祖国都有了更深刻的认识"。这正是一种自觉的服务精神和与不停歇的学习态度使然。启发：找到事物的高尚意义，把个人的全面和自由的发展置于国家和社会需求的框架之下，在推动国家建设的同时，也提升自身的综合素质，最终达到"自我实现"。"志愿精神的个体是自愿和自由的""幸福意识是志愿服务的根本动机""志愿精神是以自主、利他、奉献为特征的伦理精神，其实质可以理解为志愿者通过互助互爱的志愿活动来实现'社会公益'与'自我利益'的统一，即'利他'与'为己'和谐"①。我校这些年一直坚持以党建团建为抓手，引领大批大学生走出象牙塔，通过志愿服务活动走向社会，比如广州亚运会志愿服务活动、广州马拉松志愿服务活动、广州火车站春运志愿服务活动、"三下乡"送医送药送教志愿服务活动和社区志愿服务等。完成一些力所能及的、实实在在的事情，及时服务社会、回馈社会，可增强学生的社会责任感，培养和提升了志愿精神。志愿精神的培养无疑会养成更多的自觉素质。我校有"厚德修身、博学致远"的校训以及"德术兼修、医文相融"的办学理念，这些毕业生的成长看似一个人的成功，实则也是一所大学正确实施人才培养理念的一个结果。实际上，在校学生参加志愿服务也

---

① 张洪彬. 思想政治教育中志愿精神问题研究［M］. 北京：人民出版社，2015：31，34，78.

是经历了从不了解到热情积极的蜕变过程。一开始学生普遍不适应时间较长、动作单调重复的工作，比如待在哪个不起眼的旮旯站半天没遇上几个人之类的服务岗位很考验人，这种志愿服务活动常被抱怨无聊，认为不仅达不到锻炼的目的，还会引起学生的反感。我们一方面作安抚解释，一方面指导学生坚持，也鼓励他们主动走向社会征集服务岗位，再根据岗位需要征集大学生志愿者。征集服务岗位可以是学校共青团和辅导员老师亲自到社会找，但是，力量很有限，因此辅导员根据社会需要给同学们充分解释岗位特点，才能充分指导学生自主投入到志愿服务活动中去，从而培育和壮大志愿服务精神——"奉献、友爱、互助、进步"（科菲·安南，2001）。

成功学生案例分享二：潘同学，中共党员，是我校2017届毕业生，曾主持国家级大学生创新项目1项，广东大学生"攀登计划"项目1项，校级课题2项，院级课题2项；参与国家自然科学基金项目1项，参与广东省大学生科技创新项目1项，发表学术论文7篇，其中以第一作者发表1篇SCI论文（影响因子2.46），2篇CSCD论文，拥有国家专利1项。获国家奖学金2次，广东省"挑战杯"特等奖1次，2017年中国大学生自强之星提名奖，广东大学生年度人物入围奖，全国"挑战杯"二等奖，广州市"优秀学生"等奖项荣誉近40项。他的大学平均学分绩点在整个院系位列第二，全国英语六级考试500多分。入学以来，他还积极参加校园文化活动，如校级演讲比赛、辩论赛和各种主持活动，担任校学生科技协会策划部干事，参与组织了一系列有关科研的名师讲座、答辩会等，有意识地提升与人沟通能力、组织能力和语言写作能力。积极投身大学生科技创新，不断加深对科研的认识和追求，他大学二年级就跟着师兄申请校级课题，开始做关于物质提取、功能研究方面的实验，他发表的高级别论文以及取得国家专利就是靠在校几年在实验室磨炼出来的。他的事迹于 2017 年 2 月 22 日入选《国家奖学金获奖学生代表名录》并登载于《人民日报》。毕业时，凭着优异的学业成绩和突出的科研成果，保研至浙江大学普外科专业。入读研究生半年内，又发表了一篇 SCI 论文（影响因子 8.98）。点评：老师们对潘同学的印象是，认为他是一个很有理想且聪明、虽羞涩但坚韧、既勤恳又务实，求知若渴、勇于探索、自强不息的优秀大学生。他对所学的临床专业的认识，是在科研创新的引领下不断深入的。对本科生而言，科研和创新并不是主页，有的学生甚至抱着"60 分"万岁的态度读书，是否拿到科研项目也只是碰碰运气，拿到了项目做不出来成果也理所当然。潘同学作为本科生取得如此辉煌的科研成果实属不易，相比之下有些学生担心科研会分走了自己的精力和时间搞得本末倒置而放弃科研，其中确实也有个别学生科研做好了，专业成绩没搞好的例子。而在潘同学看来，科研就是机遇，通过科研能清楚自己想要学什么。他在科研的路上不断体会喜悦，学习的乐趣不断被强化，没有因为科研在专业学习上拉后腿，反而促使他对专业有了越来越深的认识。科研，不仅帮助他收获了荣誉，更帮助他掌握了医学的可持续性学习方法。辅导员引导本科生开展科研的路很是艰难，他的成功无疑成了辅导员工作的亮点。潘同学在科研上的成就，一方面要归功于自己的努力以及导师的专业帮助，一方面也归功于辅导员执着地动员、领导重视、经费支持、周围同学的科研氛围的形成等综合因素，领导、老师和学生干部们协调各方力量去配合、去协助开展科研活动。一个成功的学生背后，往往不是偶然的，是一群人共同努力达到质的飞跃的结果，更是一所学校正确实施人才培养理念的结果。

列举的这两个例子，首先因为他们是不同专业不同领域的成功案例，一个是志愿精神养成的成功案例，另一个是科研创新的牛人例子，表明了思政培养自觉的素质是可行的。本科大学生尽管学识和精力是有限的，但如果愿意把精力和时间放在感兴趣的事情上，遇到再困难、再艰辛、难度再高的任务也能完成得了，均可认为是意志力使然。其意志力能帮助他们克服困难，能帮助一个人风雨无阻、日夜兼程地不断努力，表明了思想政治的有效实践就在于辅导员是否有效培养大学生的意志力，其次是想用这样的例子表明，每个人都有全面而自由发展的机会，潜能一旦被激发出来，优秀就会成为习惯！而我们作为辅导员，就是不断给同学们创造各种"舞台"，为教育教学设计可行的活动，比如社会志愿服务、科研科技创新创业、体育文艺、语言写作、辩论、职业操作技能竞赛等活动。再次想表达的是，他们的成功仍然是内因发挥了积极作用所致，两位都是中国共产党党员，要发挥先进性，是基于自身的实力以及在各自领域中把握极佳机遇的自主性反映，在整个过程中，辅导员对他们的成长成才发挥的引导作用是不容小觑的。案例中的两位同学，我曾荣幸担任过他们的辅导员，但我并不是唯一的一个辅导员，范同学的辅导员先后经历了三位，潘同学的辅导员经历了四位，这个现象值得一提。学校常规会把辅导员按不少于 1：120 的比例分配到某个专业某个年级的学生群体，一个辅导员很有可能跟着一到两个

年级 200 多名学生 4—5 年，而因为人事变动等原因也会有某个年级
的学生在 4—5 年内换 3—4 名辅导员，这种频繁更换辅导员的情况
毕竟少一。巧合的是，这两位响当当的学生人物都经历了数位辅导
员的指导，这仅仅是巧合吗？显然不是，深入思考其实是有原因可
循的。前面讨论过，每一位辅导员的教育背景和成长历程都不一样，
辅导员既是思想引领的向导，又是倾听学生心声的知心朋友。主动
好学的学生历经多位辅导员指导后，可汲取其新思想新观念，不断
激发出人才培养所期待的批判性思维，在批判中不断澄清价值观，
厘清什么是最符合社会需求的。志愿服务和科研创新都是符合"创
新、协调、绿色、开放、共享"新发展理念的实践活动。两位学生
在这些实践当中不断找到了发挥自身能力的平台，不断尝到胜利果
实反过来又继续强化了志愿服务意识和科研创新意识，如此形成良
性循环，学生自己也会自觉地使积极的影响力持续下去。参照研究
生教育的"导师组"建立本科生教育的"辅导员组"是思想政治教
育提升质量的可行性措施之一。最后，用这两个例子去解释某些现
象，假如对一些乐于探索赚钱、沉迷情感或电竞的学生，辅导员不
按常理"出牌"，如果把精力和时间耗在了营销、交友或游戏的事情
上，很可能会产生一些"学生富翁""交际高手""电竞手"出来。
因此，辅导员除了激发大学生规避沉迷游戏的意志力，还要建议和
引导大学生们如何合理安排"精力和时间"于学习、工作等方方面
面，可见，把育人的兴趣专业化、职业化这是辅导员工作的"热点
难点"。表明了在思政实践中，思政理论与其他学科理论可共生融合
并升华发展的需要用上"休闲哲学""消费文化""生态理念"去解

97

释躲在这些学生问题背后的异化现象，要做好"后"文章。具体而言，就是要多做一些预测和探讨，比如"精力和时间"被挥霍后的转归，如果成功了固然可喜，但如果吃白果了，大学生可以怎么做？我们辅导员可以怎么帮助他们应对？

辅导员开展工作就是践行思想政治教育的理论。是历史唯物辩证主义的实践者。在面对各种机遇和挑战时都要看到两面，甚至面对令人不堪的问题的时候，还要探索其内在本质，甚至发现美，在不违反原则之上在"不堪"当中找寻美，在美中又要挑不足。辅导员开展思想政治教育就是系统地培养学生审美。学者祖国华等人认为："审美活动作为人的'自由自觉的生命活动'是人以'艺术化的方式'把握和创造自己'生活世界'的特有的实践形式，它与内蕴人的思想觉悟、政治信念、道德修养、法制意识及其教化修为活动一起，共同构成了人的整体生命实践活动的内在环节"。实际上，每一个活在当下的人，都不愿意看到自己着手开展的每一件事情走向不堪的结局，就算能隐隐约约感觉到不良转归，也会因为有存在的价值，才会坚持下来贸然一赌，就造成了生活的美无所不在。不美的生活各有原因，美丽的人生都有存在的价值。价值有大有小，有重有轻，所以美还是应有标准的，不能你说美的而大众却不觉得，而往往生活当中大家一度推崇的又不是美的，这就矛盾了。台湾作家柏杨写过《丑陋的中国人》认为中国文化是个"大酱缸"，引导中国读者反省自身的丑陋，置之死地而后生，"重生"才能有尊严。可见，追求美的过程也是价值观"否定之否定"的过程。我总是相信，大学生不少的"不堪"，出发点依然是美好的，甚至是高大上的。只不过当事人对"美好"的认识，很可能在世界观、人生观和价值观方面与主流意识形态存在差距，却又不承认这种差距会阻碍自己的发展。因此，以社会主义核心价值观作为行动指南，才不会在审美的路上南辕北辙，才不会偏离健康成长的初衷。那些明知结局损人伤己还故意犯事的确实存在，那是报复行为，比如美国校园枪击案、我国马加爵事件等，行为出发点和最终落脚点对自己都不利，更无美可言。还有一些损人利己走在道德边缘的事情，比如恶性竞争，想尽一切办法打击竞争对手，这种"自己不好也见不得别人好"的出发点已备受争议，面对这种拷问灵魂的价值观教育引导，辅导员如何把握思想政治教育的切入点又成为热点难点之一。然而，大学生自觉追求的事情也不能慢慢等，待辅导员感知到时，就会慢了不止一些，审美的标准往往难以在短瞬之间统一起来，即使遇到不美的事情让学生在兴致中退出也是难度极高。若把科学的预测寄予"互联网＋"和"大数据＋"，辅导员就要具备过硬的计算机、网络知识的综合素质和本领。辅导员开展思想政治教育工作应当不忘初心，始终谨记帮助学生健康成长的使命，树立正确的自我观，多角度评价自我、反省自我、积极悦纳自我；让学生乐观开朗、全面看待自己的优缺点；让学生有效控制自我，但又鼓励自己树立顽强的意志力、坚定自信心；让学生重塑自我、不断超越自我，但又要符合社会要求；让学生认识自身特点、挖掘自身潜能，健全意志品格、加强自我意识训练。总之，开展思想政治教育，就是要培养学生发现"美"的眼睛发展积极向上的美，一旦形成符合主流的美感，就能影响带动团队营造起美好的校园文化氛围。

现实中，个体的发展与团队的发展不相统一，存在"重专业轻人文"的现象，实际上学生勤奋学习专业课不等于就已具备了职业自觉，未必有真本领。学生以学为主，在校的、职前的专业知识学习成绩成了"硬指标"。正因为这一项是道"硬杠杠"，理想、信念、责任、人品等的占比就被"挤小"了，职业人文教育也显得重要而不紧迫。对学生而言，学业成绩总被看成监测职业素质的唯一标准，就业的时候"好成绩"仿佛自然就会有"好工作"自来。而学习不自觉的学生就觉得职业教育是个负担，本来学业就很重，如果还要求他在职业当中注意自觉遵守各种条条框框并且自觉培养人文素质，就会难上加难，除非他自身有发展这些非专业素质的需求。职业教育是大学生的必修课，宜早不宜迟。目前出现一个误区，毕业生不急于找工作而热衷于"啃老考研"，认为"所有影响考研的事情都应该让道""考上研究生就有牛奶和面包"，这些说法都是缺乏职业自觉的表现。高校学生理应提升学历学位，应届考研是提倡的，不就业"二战考研"是不可取的，不应忘掉自己负有社会主义事业建设者和接班人的神圣使命！个别毕业生追捧"事少钱多"的职业价值观，成为不少"边、远、老、穷"地区的基层工作为越来越少毕业生所选择的原因之一。一方面国家确实需要制定更多的调控政策进行扶持，另一方面大学生也应加强社会主义核心价值观的教育使之融入行为习惯从而提升职业自觉。培养职业自觉，党建也是有力的抓手之一，通过共产主义理想教育且需要贯穿在整个大学教育过程。指导学生应多讨论党员标准，这提示了"先进性"指导不仅考察专业学习成绩，还应考察职业规划和职业核心素质是否政治引领，以"创新、协调、绿色、开放、共享"的新发展理念指导学生职业价值观养成。党员学生应带头把握"第二课堂"锻炼提升综合素质的机会。学生主动学好专业仅仅是基础，是短期目标，职业价值观养成才是长远的规划，树立远大理想、提高综合素质、提升专业技能才能走得更远。职业教育还强调劳动纪律、培养吃苦耐劳的精神，将来在岗位上争做能手，到了那时要带动团队为经济发展和社会进步艰苦奋斗，在岗位上发挥先锋模范作用。现代化建设需要创新精神和实践能力，特别是对核心技术的掌握，需要更多的职业自觉，持续发展靠不断学习，这些都需要强大的意志力支撑，需要高瞻远瞩地预测社会发展趋势。数字化产业经济是"高精尖"的标志，只有拓宽视野迈开步伐，才可以把握住更多的奋斗机会。"幸福是奋斗出来的"，不劳而获也不会有强烈的获得感和幸福感。

谈到党员管理和党团建设，应强调在"从严治党"的政治建设统领下培养党员主体意识。党员教育管理首先就是提升政治素质，这体现了意识形态教育的重要性，也是社会主义学校的特色。每一位学生党员应明确我党的性质和宗旨，"党政军民学，东西南北中，党是领导一切的"。应坚持走中国特色社会主义道路，坚持中国特色社会主义理论体系，坚持人民民主专政，以习近平新时代中国特色社会主义思想作为行动指南，围绕"四个全面"和"五位一体"总布局，为实现中华民族伟大复兴的中国梦而努力奋斗。其次就是"不忘初心，牢记使命"，我党提出分三步走：到建党一百年时建成小康社会，到2035年基本实现社会主义现代化国家，到新中国成立一百年即21世纪中叶建成富强民主文明和谐美丽的社会主义现代化强国。再次就是树立底线思维，明确党员的权利与义务，牢记党的根本组织原则是民主集中制，谨遵《党章》。"在社会一个常规性稳态运行的情况中，有三个类群或三个层次：少数先进分子人群、广大的中间地带人群和少量的落后人群"。学生党员就是学生群体中的"少数先进分子人群"，其发挥主体意识尤为重要，对所处的群体地位、能力和价值观能有着高觉悟，就会在思想上自觉，从而才有力量'带'来行动上自觉，提升主体意识其实质就是主观能动性，就是要增强核心的内在动力系统"①。有了动力，党员才能不断增强自我净化、自我完善、自我革新和自我提高的能力。高校党建可以通过非课堂的教育形式。制定与社会需求相契合的教育措施，激发学生党员的责任意识，带动团队获取一个阶段又一个阶段的成功，最终提升学生整体的主体意识（见图5-1）。

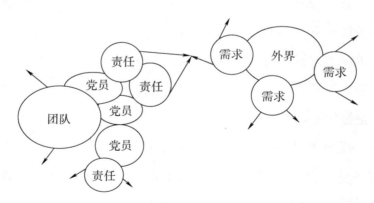

图 5 - 1：党员 - 团队与外界需求的关系

"——→"表示各种力量。

---

①　张澍军. 马克思主义研究论稿［M］. 长春：吉林人民出版社，2004：180 - 188.

四、在一个又一个的"两难选择"中培养意志力

学生意志力的提升也是思想政治教育的重要部分。意志力不足，其注意力也就不能集中，导致后续的各种不良后果，甚至大学生也会出现考试作弊的现象。学生考试作弊不仅是失信的行为，也是意志力薄弱的反映，倘若进入工作岗位，就会出现持续性不强、半途而废的现象。"学得好不好"这往往也是学生家长们关心的事情。如何有效地提升意志力？有没有指标可测可控？我们可以自行设置意志力测试问卷，针对各类情景提问，了解学生的意志力状态，纳入监测平台作为观测指标之一。有些专业，比如医学生，提升他们的意志力很重要，要学会在医疗行为中，宽容面对患者的种种问题，还要迎难而上，做好良性的、建设性的心理准备，正面探讨克服各种困难和解决问题的可能性。医生不仅面对患者，还有面对他们的家属和同伴。每一次诊治都是一次挑战，要与患者共同面对"疾病"这个共同的敌人。医生的语言包括肢体语言，对患者有着重大影响，医生的一个眼神，足以让患者焦虑或高兴半天，而这个患者，很可能是某个团队的核心力量、某个家庭的支柱……可见，医生如果没有足够的意志力，很难以积极向上的心态面对各种各样的患者。医生没有足够的意志力，就会畏惧医患矛盾，常常为病人的脸色感到焦虑，会因为患者家属的质疑而敏感地敌对，对熙熙攘攘前往诊治的患者失去安全感。近年来各地不断传出大大小小的医患冲突，甚至恶性事件被屡屡报道，这些负面消息确实影响了一部分医生的情绪，甚至影响了个别医学生从医的信心。某些年资不高、刚入职的

医生，甚至本科在读生、硕博研究生表示受到很大冲击。若医学生未处理好负性情绪，从而无法集中精力投入学习，就会影响考试成绩。个别学生回到家中，家长们纷纷支招，有学生产生转专业的念头，也有家长发来短信，建议学校调整相应课程。为了引导医学生走出负性情绪，有个别家长教自家孩子在遇到医患极端关系出现时，要勇敢地"以暴制暴"，然而这种做法极不妥当。

美国心理学家科尔伯格（1927—1987 年）用"两难故事"问答法研究 10—16 岁当地儿童道德认知水平。1958 年，科尔伯格在芝加哥大学攻读心理学的时候，为考察儿童面对伦理困境时的反应，用一个道德选择两难的例子对研究对象的道德水平和法律意识进行测试，根据研究对象的选择及其选择理由的报告，总结出"三水平六阶段"的道德发展理论体系。他设计的两难案例描述了一位名叫海因兹的丈夫，为病重的妻子四处打听特效药，找到了一所药店老板亲自研制了此药。但老板很明确地告知海因兹制药就是为了赚钱，所以要价很高。海因兹没钱，他找老板求情便宜卖给他或先欠给他药，但老板不愿意放弃厚利而拒绝了他。海因兹回家后东拼西凑仍不够钱，无奈之下到药店将药偷走。老板发现后，将海因兹告上了法庭。提问：如果你是海因兹，你会偷药吗？请做出解释。

这个测试不重在回答"是"或"否"，而重在解释的内容。科尔伯格根据被试回答的内容，总结出"三水平六阶段"理论来判断被试的道德水平和法律意识。然而在思想政治教育过程中，科尔伯格的这个理论以及案例的呈现如果不被加工而直接使用，很可能在大学生价值引领、意识形态方面产生一些问题。我已将此研究撰文发表①，主要如下观点：

一是辩证地运用科尔伯格理论。科尔伯格继承的是瑞士心理学家让·皮亚杰（20 世纪 30 年代）的儿童道德发展理论，最初的研究取样代表性不足，包括个案不多，仅 72 个；年份较早，在 1958年；地区有偏：个案取样仅在美国芝加哥；个案家庭背景有偏：集中在中低产阶级；性别有偏：仅为男孩；年龄有偏：10 岁、13 岁和16 岁。尽管他后来在 1963 年和 1970 年从美国其他城市以及其他国家增添了一些女孩的测试个案，但其总结的道德水平理论受当地社会文化影响而备受争议。科尔伯格的治学态度是令人尊敬的，他的研究至今仍被学者们参考、效仿并且改良。他花了毕生的精力去完善这项研究，除了整理调查结果有多少人持有"是"的答案，分析他们的理由，还精选了一些研究对象，每隔三年就跟踪回访一次。追踪受访者道德选择与实际行为是否一致、道德水平是受年龄还是背景、文化等影响。然而，他的追踪结果中有意外发现，大部分受访者存在"言行不一"的现象。

我国不少学者在研究学生的道德状况时已越来越多在使用这个测评法，应注意以下问题。

受访者的道德认知受性别、年龄和群体氛围影响。2004 年我在广州医科大学某专业学生当中做此测试时采用的是原始版本（以下简称"夫妻版本"）。这个专业以女生为主，当时回答"是"的比例占 50%。为研究受访者态度是否存在一致性，实施重测法，在 2009

---

① 赵妍. 在思想政治教育中运用柯尔伯格两难故事法的研究. 课程教育研究 [J].2018（5）。

年把某专业两个班设成实验组（A）和对照组（B）在他们新生入校时施测一次，两年后重测一次，两次结果为：男生比女生选择"是"的明显多，同时，态度前后不一致，发现选"是"的减少了，提示年龄或生活经历会影响道德认知。此外，不同专业（见表5－1）群体的受访者作答也不一样，可见，受访者回答问题的时候受群体的氛围影响也比较严重。

表5－1　相同群体两年间选择"是"的重测结果（2009年&2011年）

专业（班别）	男女比例	2009年		2011年	
		男生	女生	男生	女生
A班（29人）	1.4：1.0	63%	57%	47%	43%
B班（32人）	1.0：1.1	47%	24%	0	0

　　研究对象的价值判断受故事伦理关系的影响。2015年把两难故事设计成两个版本，在原来"夫妻版本"的基础上，增设一个"母子版本"，即将原来故事主角"海因兹和妻子"变成了"海因兹（14岁孩子）和母亲"。把这两个版本同时给临床医学、食品安全、生物技术三个专业的新生测试。其中一个专业是匿名填写，但标注性别；其他两个专业实名填写，其结果也存在差异性。可见，被试的道德认知还受到故事里的身份、角色影响，提示了科尔伯格的理论具有局限性。回答"是"的个案道德态度与道德行为趋于一致的可能性高。在2004年的被试中，有一位回答选择了"是"的女生在当年的考试中作弊了。因为学校在考前曾开展纪律教育，学生会还发动了"诚信考试"的签名活动。经谈心谈话发现这位女生由于家庭氛围比别的同学复杂压抑，她很烦闷，甚至还会偷偷吸烟抒发情

绪。据她自己介绍，她的价值观就是：为达到某个目的，会为此"铤而走险"。查她入学时做科尔伯格"两难"测试回答了"是"，解释为"铤而走险也要试试"，其态度和行为达到了惊人的一致。在2015年的测试群体中，有一位女生两个版本都回答"是"，解释内容是"为了做一些有意义的事情"。在当年暑假，她向学校报告她在网络上被骗了，金额较大，推测她被骗的理由极有可能她自认为在做着一件很重要的事情。实际上，回答这个测试的内容是各式各样的，汇总高频词比较分散，在对照"三水平六阶段"的时候很难"对号入座"，且由于"两难"故事内容涉及违法，回答"是"的学生是出于何种心态需要研究甄别。此测试有助于判断个体的道德水平，而如何有的放矢地运用于大学生的世界观、人生观和价值观教育，仍需对测试本身做进一步处理。心理学界基于学术的角度主张价值中立，在分析"是"或"否"的回答时，对"是"的回答显得过于包容。在科尔伯格的理论中重在描述状态，而并没有指引如何对模糊不清的立场提出明确指导，使教育的积极性未被挖掘出来，甚至很有可能在测试后引导出负面影响。

"两难选择"施测时应避免应试教育对意识形态教育效果的消解。科尔伯格处于当时奉行"价值澄清"的美国社会，他认为选择"是"或"否"都不重要，重要的是被试作答的内容，力求鼓励被试提供真实想法，然后定义被试道德水平处于哪个水平哪个阶段。据美国加州伯克利大学分校的拉里·努奇教授介绍，目前伯克利大学仍有科尔伯格的理论研究，但在实践中已很少使用"两难故事"。原因是当前美国的价值观教育已从"价值澄清"阶段转为"价值判断"和"价值推理"阶段。我国大学生教育则一直受马克思主义理论指导，党是领导一切的，中国的高校具有意识形态教育功能。因此在做这个测试的时候，特别是具实名测试时，可以把道德水平"基线"适当提高作为测试的参照。其次，大学生经历高考后，由于受应试训练强化，习惯了对所有问题都按"标准答案"回答。因此，在测试时，大学生会极力猜测开题者的意图，努力还原开题者的"正确答案"，如果不确定，也会尽可能采取保守的答案。所以有些大学生在实名作答的时候，很可能不想给老师留下"违反原则"的印象，因而回答了"否"，从而掩盖了真实情况。还有些学生尽管具了实名，也会回答"是"，理由也非常多。例如 2015 级某专业新生虽然大部分在两个版本选择了"是"，但同时标注"生命至上"为理由的尚属少数，仅有两成。尽管有很多其他理由，但尊重生命是医学专业非常应该注重的一项职业品格，这个结果提示了在判断道德水平运用两难法时不能简单地把受访者的道德水平与"三水平六阶段"理论对号入座。

道德水平往往取决于社会文化的自觉。根据科尔伯格理论，研究对象如果是受"生命唯上"或"法制契约"的影响，在回答两个版本的时候，应该是一致的，即无论挽救的是"母亲"还是"妻子"，主人公无论作为"儿子"还是"丈夫"，受访者均应表明相同的态度选择"是"或"否"。在我们的测试中发现有很大差异。某专业 B 班的测试结果：男女被试在 2009 年的时候，选择是有差异的，经过两年的共同学习和生活后，在 2011 年重测其结果是高度一致的。2009 年施测 A 班学生 33 人，男女比例 1.4：1，选择"是"答案的男女比例是 1.1：1 在当中回答"是"的女生，解释她不愿意丈夫为她偷药而吃亏，显然把自己当成了故事里的病危女主角；而回答"是"的男生，则把自己当成了丈夫海因兹，表明了他可为爱情不顾一切先救妻子。316 名受访者在对待母子关系和夫妻关系是有明显区别的，其中 213 人肯为"母亲"偷药，而仅 166 人肯为"妻子"偷药。这些测试结果显然受了中国传统文化以"善事父母为孝"的影响，不同的伦理角色待遇不同，面对"生命"也有不同的认知（见表 5-2）。

表 5-2　四专业使用"母子版本"和"夫妻版本"选择"是"的结果（2015 年）

四专业（316 人）	群体男女比例	"母子版本"		"夫妻版本"	
		男生	女生	男生	女生
（匿名填写）药学（63 人）	1.0：1.6	71%	51%	46%	33%
临床医学（176 人）	1.2：1.0	82%	73%	70%	50%
生物技术（47 人）	1.0：1.0	42%	48%	42%	39%
食品安全（30 人）	1.3：1.0	59%	62%	47%	62%

　　施测过程中潜存着个体的社会学习效应。测试发现，科尔伯格最初设计"是"或"否"，并非用于判断道德认知水平的根本依据，而是鼓励被试做出选择的理由。认为选"是"也可以是道德高水平的体现，这对部分被试产生很大的思想冲击，很可能出现"犯了错可以不必付出代价，甚至获得思想高尚的赞誉"的错觉。一些不敢越雷池半步的学生也会质疑对遵纪守法的价值，而那些"三观"还不够端正的学生就会得到鼓励。心理学家班杜拉认为通过观察示范者的行为而习得行为的过程称为"社会学习"。所以在测试的时候，如果偏误的思想没有及时指出来纠正，就会造成不良影响。因此，

老师现场总结对测试进行反馈很重要，要指明这个测试的意义，是要关注支配道德水平背后的价值观，要么关注生命，要么关注契约，而不是鼓励大家去做违纪违规的事情！例如大学生都知道帮助别人作弊是严重违纪的事情，但依然有个别人以身试法，实际上这也是当事人"两难"选择的结果。明明知道不对，却因为各种理说服自己去作弊，甚至还说服别人去支持他、帮他实施"作弊"，是什么使"魔鬼"战胜了"天使"？测试中回答"是"的学生是需要被加强关注的，这个斩钉截铁的态度恰恰是最有价值的道德水平监测点，如果其出发点不是"生命至上"，其道德水平再高也仅停留在学术层面，价值观依旧偏误。而那些选"否"的同学却需要从另外一个角度给予关注，给出各种说辞无非为了维护自己的利益，这些也是道德水平高的表现吗？因此，施测结束后应明确告知学生做这个测试会受世界观、人生观、价值观的影响，还会受社会意识形态、社会文化、自身的身份、知识结构、个性品质、心理素质、解决问题能力以及作答时的情绪等影响，还会受到群体氛围、社会学习等影响，总之，要注意规避两难测试中的隐性错误影响。

二是把"两难"测试作为考查学生道德教育效果的监测点。"思想政治教育是一项专门的人类实践活动，具有鲜明的意识形态性，基本内容包括思想教育、政治教育和道德教育三个方面，其中思想教育是根本，政治教育是主导，道德教育是基础"①。在长期的应试教育中，大家对分数过于看重，然而大学生的道德水平已然不

---

① 教育部思想政治工作司组. 思想政治教育原理与方法［M］. 北京：高等教育出版社，2010：29

能单纯靠学业成绩作为监测指标。学生的思想表现、政治表现、道德水平等，通常靠教师感知和学生群体评价来反馈认定，一直以来并没有很明确的监测考察点。分析和比较大学生的学业成绩还不足以作为判断学生为人处事的参考，而对他的思想觉悟和道德状况的认定是一份灵魂考验的活，还需要一个专门的监测点，通过思想政治教育的前后状况比较而体现效果。

训练大学生两难选择可发挥其主体作用进而提升德育职能。在思想品德教育过程中，学生既是教育客体，又是教育主体。只有让学生认为这个教育是他自己做主，受教育的动机才能被激发出来。而教师发挥的是主导作用，学生在被老师的引导下激发了受教的动机后，将正确的思想、观念内化成为自己的价值观，从而支配各种所期待的行为发生，同时规避那些不被认可甚至违法违规的行为。前苏联心理学家维果斯基认为教师就是"脚手架"，把学生引导到一定程度的时候，老师就可以撤走"脚手架"了。高校思想政治教育要提升科学性和可操作性，钻研德育规律使其发挥预测功能，使思想政治教育朝着专业化、科学化的方向发展。科尔伯格利用"两难故事"的研究方法做了很好的示范，仿照他的理论可以在德育范畴内的方方面面衍生成许许多多两难情景供学生测试，从而达到全面了解学生思想状况的目的。科尔伯格的研究应强调受访者置身于故事的情境中把自己当成主角进行道德选择，不仅更真实地反映其道德水平，而且还激发了其主体感受。思想政治教育应把握这个两难故事带来的教育时机，在心灵与心灵的碰撞中，灌输正确的世界观、人生观和价值观，提升教育效果。

应切实以社会主义核心价值文化引领大学生的价值追求。从中华文本库的资料显示，科尔伯格理论具有多学科整合的特点，继承并发展了皮亚杰的道德发展理论，同时还融入了苏格拉底、柏拉图、康德、涂尔干、杜威、罗尔斯、哈贝马斯等理论。因此他归纳的"三水平六阶段"理论（见表5-3）具有丰富的西方文化元素和色彩。然而，中华民族有着五千多年的文明历史，创造了灿烂的中华文明，为人类做出了卓越贡献，成为世界上最伟大的民族之一。思想政治教育在借鉴科氏理论时，要从中国的基本国情出发，融入中国传统优秀文化的精髓，使道德水平的判断标准不仅蕴含尊重生命和通守契约的精神，也要包含社会公德、职业道德、家庭美德、个人品德的元素，用于判断教育对象是否达到向上向善、孝老爱亲，忠于祖国、忠于人民的要求。可以经常训练大学生的两难选择，这样不仅可以了解他们在思想、心理和个性方面的特点以及存在的差异，还可以依据调查结果调整教育措施推进诚信教育和法治教育，强化社会责任意识、规矩意识、奉献意识，激发民族复兴的担当意识和精神追求，不断完善提升教育对象的道德水平，最终走自由而全面的发展。

表5-3 融合中西方文化的道德水平判断

道德水平	年龄	科尔伯格判断标准（六阶段）	思想政治教育的道德判断标准	大学生道德水平
前习俗	0—9岁	第一阶段：以行为结果为导向；第二阶段：以符合自身需求为导向。	第一阶段：以行为结果为导向；第二阶段：以符合自身需求为导向。	前习俗

续表

道德水平	年龄	柯尔伯格判断标准（六阶段）	思想政治教育的道德判断标准	大学生道德水平
习俗	9—15岁	第三阶段：以人际关系和谐为导向； 第四阶段：以服从社会规范为导向。	第三阶段：以人际关系和谐为导向； 第四阶段：以服从社会规范为导向。	习俗
后习俗	15岁以后	第五阶段：以社会契约为导向； 第六阶段：以尊重生命为导向。	第五阶段：体现社会责任意识、规矩意识、志愿服务意识； 第六阶段：体现诚信意识、向上向善、孝老爱亲；	自我完善
—	—	—	第七阶段：体现法治意识、社会公德、职业道德、家庭美德； 第八阶段：体现尊重生命、奉献品德、忠于祖国、忠于人民。	自由而全面地发展

　　思想政治教育的价值实现需要有效监测。综合中华文库资料介绍，科尔伯格理论以"心理学理论—教育实践—哲学反思"为研究思路，整个过程既是教育研究，又可视为教学策略，大大提升了教育的可操作性。根据中华人民共和国2004年16号文件要求，高校应加强和改进大学生思想政治教育，使之成为社会主义事业合格的建设者和可靠的接班人。东北师范大学张澍军教授等"德育哲学"研究团队认为高校德育职能是在社会分工和高校分工中所要承担的职责，必须体现社会的需要，德育职能也只有反应社会需要才能充分体现自己的价值①。可见，思想政治教育的价值实现是显性可测

---

① 曹影. 德育职能论［M］. 北京. 中国社会科学出版社，2010：107-108.

的，既要满足大学生从个体向社会过渡的社会化需要，更要符合社会的需要。简言之，思想政治教育价值在于大学生能否正确解决社会问题这才是教育的落脚点。社会问题有宏大的、纷繁复杂的，有重要的、紧迫的，也有看似风牛马不相干的，既包括大学生本身遇到的职业问题、生活问题、情感情绪问题、环境问题等等，又包括家庭、学校、社会乃至世界的各种问题。

思想政治教育也需要策略。可以参照科尔伯格的两难故事（以下称"科氏法"），把宏大问题的基本元素抽取出来，把左右为难的问题一一梳理出来，指导大学生把一个又一个"左右为难"的问题解决好，才能一步一个脚印地成长起来。思想政治教育有"两个转化"的明确要求，就是要"把外在的社会要求（价值准则、理论观念、行为规范等）转化为受教育者内在的个人意识，而后再由受教育者将个人意识、思想动机转化为外在行为和行为习惯。"① 这就需要建立监测点，把大学生的"外在行为"即参加的所有教育活动记录下来，同时，把高校的一系列教育过程中遇到的具体问题细化，制作成"两难选择"题库，供大学生回答。把结果统计处理，这些数据不仅可以描述大学生的个体和群体的思想、心理状况，还可以进行相关性分析，发现其成长的规律，一方面总结教育的效果，另一方面反馈给大学生。

三是创新思想政治教育模式。教育部 2017 年发布《高校思想政治工作质量提升工程实施纲要》，指出思想政治教育的基本原则是坚

---

① 教育部思想政治工作司组. 思想政治教育原理与方法 ［M］. 北京. 高等教育出版社，2010：75.

持育人导向，突出价值引领；坚持遵循规律，用于改革创新；坚持问题导向，注重精准施策；坚持协同联动，强化责任落实，规划课程、科研、实践、文化、网络、心理、管理、服务、资助、组织"十大育人体系"，在网络育人中拟建设"高校网络文化研究评价中心"。可见，进入新时代，创新思想政治教育模式已势在必行！

大学新生道德水平既然可以量化，则可以使用运算工具拟制"道德水平基线"。前面已介绍"科氏法"对个人的价值观进行判断，思想政治教育在此法基础上可对故事做适当情景调整和改动，根据教育需要将个别细节略过，比如药师不肯让步这个情节省去，为"海因兹"做偷药这一决定给予更多的空间。这时，若受访者的注意力只停留在海因兹身上，则忽略了药师的立场，那么反映了他不能周到考虑问题，缺乏规矩意识，道德水平就需要提升；若受访者注意力只放在了行为后果上，并没有考虑病人的病情，那么也就应该启发大学生要尊重生命，鼓励学会多立场、多角度思维。此外，把两难故事中的夫妻关系变成父子关系、或把与药师的买卖关系变成雇佣关系等多版本，给予受访者同时作答，以分析受访者的评判侧重点，检查受访者的选择和解释的内容是否一致，判断受访者做道德判断的态度是否稳定，此处有很大的教育空间。思想政治教育可以对个体的政治素质、人文素质、身心素质做全面筛查，比如大学生遇到考试和志愿服务冲突时，则如何选择？又比如有好朋友称担任学生干部称自己花了很多时间，由于家庭贫困，不想因为挂科拿不到奖学金，请你帮忙作弊，是否应同意？还有，怀孕的女子产检发现患有艾滋病，作为医生要劝其堕胎吗？等等问题，均请受访者以"是"或"否"回答，备注填写理由。可录入数据后绘制群体的"道德水平基线图"，供学生自行了解自身在群体中的位置。为避免对大学生产生"贴标签"效应，对每个学生的测试结果应保密。要根据摸底结果加强日常观察，间隔一段时间后再随机抽样重测，可作为对受访者道德观察的佐证，也可及时对研究当中的不足进行分析修正。

深度开发网络育人可促进思想政治教育内化功能。思想政治教育要运用好网络，深度开发其育人功能。校园里大学生活已然不是以往意义上的"三点一线"，还包括了师生关系、宿舍关系、班级关系以及其他社会关系的互动。人对事物的把握已不能仅停留在时间和空间的两个维度之上了。"人主要通过生产实践与自然发生关系，而角色道德完全占有和涵盖了全部生产实践领域"[①]。互联网的广泛普及，使"社会关系"越来越清晰地成为"第三维度"，人的角色道德教育亟待多维度渗入加强。比如教育部倡导的"易班"大学生社区平台，各省、市党团组织开发的微信公众平台，以及学校、老师根据自身实际情况开发的各种工作平台，个人微信、微博、工作空间等，可以帮助大学生展示高校的教育教学成果和丰富多彩的校园文化生活，进一步促进校园文化育人功能的发展并加强了人际互动交流，同时提高了思想政治教育的时效性。通过互联网把线上线下的教育结合起来，把教育理念贯穿于实践中，提高大学生处于不同的角色解决自身和他人问题的能力，学会站在他人的角度，从更

---

① 林晶，邱德亮，张澍军. 思想政治教育中角色道德问题研究［M］. 北京. 人民出版社，2015：75.

高、更深的层次去认识事物的本质，不断增强责任意识和奉献精神。辅导员坚持以社会问题为导向，开展校园文化活动、志愿服务活动、社会实践活动、科研创新活动，通过召开主题班会、谈心谈话等方式进行道德教育，促进教育的潜移默化最终内化为学生的自觉行为。目前网络存在不少虚假信息、网络游戏几乎像空气一样无所不在，使人难辨真假、不抵诱惑。校园学术腐败和学生考试作弊等现象也时有发生，学生在网络上当受骗的例子也屡见不鲜，网络游戏的泛滥也荒废了大学生大量创造价值的时间。可以开发一些网络工作平台介入学生的生活和学习当中去，让学生可以随时随地上网接受深度教育。比如以展示校园文化生活中的两难故事为主题，利用动漫模拟、情景剧表演、实验性现场测试、小程序互动等方式，布置两难选择作业，在学生当中引导适当讨论，务必注意保护隐私，以安全上网为前提。总之，网络阵地需要思想政治教育去占领、去发挥优势。

大学生日常活动的大数据可创建大学生思想政治教育智库。当前，网络平台介入思想政治教育仍不足够，还必须有"大数据"。习近平总书记在 2017 年 12 月 8 日中央政治局就实施国家大数据战略第二次集体学习中指出，"要用好大数据，增强利用数据推进各项工作的本领，不断提高对大数据发展规律的把握能力，使大数据在各项工作中发挥更大作用"。网上开发道德水平测试只是一个切入点，一种尝试，还可以测试职业品格、职业素养、职业价值观，在后台进行数据编码、转化、汇总后运算处理；还可以记录大学生的人口学基本情况、学业成绩、身心健康、焦虑忧郁状况、压力状况以及参加各种校园活动、志愿服务、社会实践、劳动锻炼等轨迹，均可以输入设计好的平台软件编码转换成数字根据需要进行运算处理，或描绘成直观图。此外，大学生人格的形成也是思想政治教育是否有效的显性指标之一，除了考察大学生的社会主义核心价值观是否树立起来，还可以通过现有的成熟的人格量表进行测试，比如，和谐、人本、创新、崇高、稳定、奉献、正直、宽容、守纪、节约、有责任感、实干自信等人格测试；对课堂、寝室、食堂、礼堂等校内场所的行为习惯进行测查。鼓励大学生参加省市、学校的文艺表演、竞赛、科技发明、创新创业等活动，丰富数据来源。大学生大数据一旦形成，就可以运算处理，成为大学生思想政治教育智库，为教育决策提供依据和反馈信息。通过抽取相关因素，挖掘大学生成长规律和共同走势，同时也发现个体方面存在的突出差距。理想化的教育模式应为大学生提供个性化指导，也可为教育者提供大学生群体数据从而进行问题干预或综合治理。这些规律源自实践，可以有助于思想政治教育的科学性探索。根据曲线规律进行走向预测，这是要发挥思想政治教育的预测功能。大数据的收集并不需要准入与抽样，同一群体便可反复测试、不同群体统一标准测试。反复测试就是反复教育、反复检验效果，不断提炼、总结、反馈于实践主体，以提升思想政治教育的时效性。通过设计专门的软件，掌握日常中各种时机，指导大学生填报各种资料、调查表汇总大数据，填报的过程中，充分发挥调查的教育功能。高校把这些学生资料以及教育措施收集起来分析处理，建立起当代大学生思想政治教育的"智库"，为思想政治教育进行自检自查提供参考资料，同时也为检查思想政治教育有效性提供更多的可视性依据。

高校思想政治教育要坚持社会主义意识形态和政治教育为前提，也要丰富工作方式方法，汲取古今中外关于道德判断和价值观教育的先进、有效的理论，始终坚持理论联系实际的有益尝试。"不忘本来、吸收外来、面向未来"，以社会主义核心价值观为引领，推动中华优秀传统文化创造性转化、创新性发展，为最终实现中华民族伟大复兴的中国梦而努力！

第六章

发展心理学为思想政治教育提供了
生命周期作为切入点

　　人的一生，是生命发生、生长、发展，从幼稚走向成熟，逐渐衰退一点一点丧失，直至死亡的过程。生命是有周期特点的，而生命又有脉搏、呼吸、血压、体温等体征。思想政治教育要讲究因地制宜，要在尊重生命规律的前提下开展，大力提倡生态文明，形成可持续发展的、有节制的、常态化的且符合社会存在需要的理念，使其涵盖的内容很广泛。在高校中，思想政治教育确保要在意识形态阵地和维持校园安全稳定等方面发挥极其重要的作用。教育渠道首先是课堂教学，这是主渠道，然后是第二课堂如校园文化活动、科技创新活动、志愿服务活动、社会实践活动等。教育的主要场地是课室、宿舍、寝室、会议室、礼堂，还有大学生参加志愿服务的各种场所，包括学校周边社区、火车站和大型体育竞技赛场等。例如2008年北京奥运会、2010年广州亚运会的体育赛事场地。概括以上这些教育途径，主要是为了讨论思想政治教育还可以从生命的多维角度切入，从空间维度拓展教育渠道，从历史的角度使教育精品化。大部分高校可能都没有分校，大学生在一个大学校区就能完成绝大部分的学业，仅在毕业那一年的 3—12 个月时间到校外实习点完成技能操作实习。这样看来，如果每天三点一线，思想政治教育的切入点就过于单调，不但发挥不出"全程全员全过程"的"全覆盖"特点，还不知不觉地为思想政治教育划了界，留置了一些"边缘"地带，从而束缚了教育的想象力。

一、发展心理学理论有助于厘清人生的阶段性任务和目标

发展心理学是心理学研究的一个方法。通过横断研究、纵向研究或"群体—连续"研究，探索和解释人与人之间的相似与差异，研究的重心在于个体在"发展中的共同规律与个别差异"。横断研究是指同一时间内研究不同群体的情况；纵向研究是以时间为轴线在几个月乃至几年追踪目标个案的情况，可提升研究的可信程度和意义；而"群体—连续"研究是综合了以上这两种研究方法，在同一时间研究不同群体，然后对其中的个体进行追踪。不同国家和民族，无论是风土人情还是语言，都千差万别。"先天论"的代表人乔姆斯基发现人类具有与生俱来语言能力，称在不同语言当中存在"普遍语法"。个体发展存在明显差异久已有之。哲学家柏拉图对此提出"天性观"，亚里士多德有"教养论"，达尔文发现遗传物质后，行为主义就大行其道极尽所能强调环境的作用，儿童心理学家"发生认识论"创始人皮亚杰则提出了"遗传和环境的相互作用效应模型"。说明，生命的发生发展不仅受遗传因素的影响，还受所处的群体的人文环境和物理环境等影响，从而形成一定的共同规律与多姿多彩的个别差异共存的现象。

关于发展心理学的研究，皮亚杰在他的儿童心理学研究中发现儿童的思考依照一定的次序发展和变化着，但并不是成人思考的初级形式，而是与成人思考构成不同类型。另一继承和发展了弗洛伊德理论的新精神分析理论家、哈佛大学教授艾里克森（1968 年）提出八大任务：（1）婴儿期（0—1.5 岁）：基本信任和不信任的冲突。（2）儿童期（1.5—3 岁）：自主与害羞和怀疑的冲突。（3）学龄初期（3—5 岁）：主动对内疚的冲突。（4）学龄期（6—12 岁）：勤奋对自卑的冲突。（5）青春期（12—18 岁）：自我同一性和角色混乱的冲突。（6）成年早期（18—25 岁）：亲密对孤独的冲突。（7）成年期（25—65 岁）：生育对自我专注的冲突。（8）成熟期（65 岁以上）：自我调整与绝望期的冲突。这个理论说明生命的每个阶段都有相应的核心任务，核心任务的完成质量会影响人的一生。核心任务处理得成功与否，个体就会感受到"同一性"完整与否，"同一性"完整还是残缺意味着某个阶段的心理冲突危机解决得好还是不好，"同一性"危机是埃里克森的伟大创新，在人格领域研究中发挥积极重要的作用。同时，埃里克森特别注意到人的社会化发展和人格形成，认为最早的社会化是发生在 3 岁左右的儿童期。自我意识出现得更早，标志着群体意识的发生，为人格形成打下坚实的基础，他由此开启了老年人人格发展的探索，这八个阶段还是自我意识发展的周期，这不仅是一次关于生命的一个伟大探索，还视为人格领域研究的一次革命。

这个理论所提出的"同一性"危机观点，就是要回答"我是谁"的问题，可以提示大学生应建立起良好的人际关系包括婚恋关系也是这个阶段的"主页"之一，特别是在大学生对手机极度依赖的情况下，应鼓励他们走出宿舍、走出课室，走到各种活动场所去。青年人婚恋指导方面可通过解决"亲密对孤独的冲突"入手，这是埃里克森所归纳的人在成年早期（18－25 岁）主要应完成的任务，具体介绍爱情，是"以两个人的同一性融合一体？为出发点，使青年人懂得恋爱真正能建立起来，是因为双方"愿意为对方自我牺牲或甚至有损失"，才能获得亲密感。假如恋爱这个"必修课"如果没修好，日后会产生孤独感。受这个理论的启发，辅导员除了给予大学生恋爱的巨大理解和支持，同时也应明确指出青年人在这个阶段最好能形成牢固的自我同一性，恋爱不是杜绝恋爱之外所有异性的交往，要厘清两个人的关系和群体的关系。因为在进入社会工作后，环境改变的情况下，青年人要不断解决与无数相遇的"他人"的关系。有的是团队里的两个成员需要合作的关系，有的是上下级领导与被领导的关系，有的是学术交流或商业来往的关系，还有其他的朋友关系。要自己成立新家庭，又要维持原有父母的家庭关系，有的人很重要、有的人可适当忽略。这些关系瞬息万变，曾经确立的关系是否能继续下去，特别是相恋的人能否成功走向婚姻，这个"亲密关系"对职场关系能发挥什么作用？是平行的？还是交叉的？青年人在每个环节都不能恣意随性，毕竟埃里克森已提醒，如果人的阶段性的人生任务完成得不好，就会影响下一个阶段的人生任务。

每一位 18－25 岁的大学生，都处在成人早期阶段，主页都要进行职业探索。但根据埃里克森的理论，人的成年初期和成年中期，即 18—40 岁的主要任务都是以解决自我同一性、获得亲密感和获得繁殖感等问题，把爱情婚姻和家庭归在这个阶段的份量过于泛化以致于对人在职业探索中的研究并不清晰。美国著名职业生涯规划大师舒伯（1979 年）更有心得，他把人的一生都看成职业生涯，分成五个阶段：成长阶段（0—14 岁）、探索阶段（15—24 岁）、建立阶段（25—44 岁）、维持阶段（45—64 岁）和衰退阶段（65 岁—）。其中，他又把探索阶段分成试探期（15—17 岁）、过渡期（18—21 岁）和试验初步承诺期（22—24 岁）。按照舒伯理论，大学阶段就是要学会探索、试验、初步承诺。大学生要清晰了解自己的兴趣和需要，积累专业知识，训练专业技能。这样入职参加工作后，才能进入发展和稳固的阶段。这种分法很好地厘清了人生当中最宝贵、最青春的那个阶段的任务，对大学生而言有特别意义，回答了他们入学后的第一个问题"为什么我很迷茫"。如此一来，辅导员结合这两种理论，就可以与学生一同探讨如何面对和处理各种人际关系问题，包括处理好"亲密关系"，同时还要完成职业探索的任务，了解自己，了解专业和职业，尽可能使自己训练有素，建立起自己的事业，这是人生阶段最大的目标，也是很重要的任务，只有探索的任务完成好了，各种人际关系才能处理得好，才有下一个"建立阶段"任务的完成，才能有自己未来的事业。说白了，就是既要"江山"，也要"美人"，然而只有其一的人生虽然不完美，但也并不都是痛苦的。舒伯把自己的理论概括为"差异—发展—社会—现象"的理论，人通过描绘自己的美丽的"彩虹桥"，一步一步了解自己，从自己担任的不同角色站在不同的角度去了解自己、认识自己，承认既受遗传因素影响，也受环境因素影响，要看到过去和今天，也要看到未来，更远的未来，可持续性的发展是舒伯理论的闪光之处。

由此可见，发展心理学理论为思想政治教育大学阶段的教育提供了一个思路，大学生既要考虑职业探索，也要注意人际关系探索，不能顾此失彼，也不能为了一端放弃另一端。这两个方面的教育如同跷跷板一般相辅相成，忽视任何一端，都会失去平衡。

二、从生命的长度、宽度和深度拓宽思想政治教育的内涵

生命的长度是以时间做维度。这个问题看似简单，实则也可以问倒很多人。比如这个问题："你希望自己活多久？"我问过的大学生，总是笑而不答。聪明的人会考虑告诉你当下某个国家某个地区的平均寿命，更多的人保持沉默，这也许是当代人的焦虑。在那愿意回答的几个人里，你会发现年轻人大都"谦虚"，说只有40—60岁，只不过希望遇到重大疾病的时候能省点金钱。大家是不敢对生命奢求时间呢，还是活得太不开心了呢？倒是发现越是年纪大的人越说可以活到120岁，越是从疾病缓过来的人越希望在世上多待几天，仿佛只有经历了大风大浪才敢有长寿的向往。思想政治教育要引导学生首先认识生命的长度，积极探索生命该有的长度，为什么看着有些人可以走那么远，为何自己就不敢想？从医学的角度说就是没注意养生，生命要趁着人年轻去主动提升才能对生命长度进行认识和规划。

"条条大路通罗马"，可有人一出生就在罗马。时间和空间的不对等造就了资源分布的不公，导致人与人之间产生很多人为的差异。在飞机轮船出现之前，人类切换空间基本靠腿，后来靠马，经过漫长的岁月到了 19 世纪人类才有了电报电话，人如果囿于条件所限，其视野就会狭窄，思维也会局限，生命的截面一眼尽收，生命的内涵自然也就很单纯。时至今天人类不仅有飞机、轮船、汽车、火车等交通工具，更有了互联网的加入，无限地拉近了人与人之间的距离。文化减少了差异，地球成了村，空间切换频繁减少了遥远的感觉，使生命的维度不再单一。思想政治教育也要跟上这些变化的步伐，积极主动地在政治、经济、社会、文化、生态等方面紧跟前沿。事物从不同角度切入会有不同的新认识，比如社会不仅从时间，还可以从空间的角度去认识。法国马克思主义哲学家亨利·列斐伏尔（1974 年）提出"社会空间"理论，他认为空间并非社会关系演变的静止"容器"或平台，而是社会关系的产物，它产生于有目的的社会实践。将空间作为以一种产品对待，就会有生产、消费和交换。又比如文化，为开发更多的非物质文化遗产，越来越多的学者从"空间"的角度去认识文化，"文化空间"是特指按照民间约定俗成的传统习惯，在特定节日特定场所举行的各种民俗文化活动及仪式。还有为可持续发展并缓解接踵而来的各种利益冲突，可从空间的角度实质性地平衡政治、经济和生态的发展。这些理论的提出，一方面提示了人们打开更多的发展思路，另一方面提示了我们在进行思想政治教育时要先知先觉，鼓励转变观念，随时准备应对因各种转变带来的各种冲突与不适。

生命不是独个存在的，因此实际上也不可能纯粹从时间的维度去演绎生命，而是要置于团队中、群体中、社会中去考量个人。提示了每个人对自己生命的认识都不能仅仅停留在以往的经验之上，特别在当今互联网使用频繁、信息爆炸和大数据需求呈指数性增加的情况下，以往很多的不可能正期待逐渐变成可能。看当年"南水北调""一桥飞架南北天堑变通途"的愿望现已一一兑现。人的平均寿命延长，意味着可支配的时间和空间越来越多，也促使了人际关系随之也变得越来越复杂化。怎样营造健康的人际关系，可把更多的实际问题纳入思想政治教育领域并以此作为导向开展相关研究，有待进一步完善思路，建立妥善解决的方法。

三、探讨除时间和空间外的思想政治教育"第三维度"

马克思在《德意志意识形态》上写道："凡是有某种关系存在的地方，这种关系都是为我而存在的。"① 还有，在论述"共产主义与人的自由发展"中写道："在共产主义社会中个人的独创和自由的发展不再是一句空话的唯一社会中，这种发展是取决于个人间的联系，而这种联系部分地表现在经济前提中。""个人关于个人之间的相互关系的意识也会完全不同，因此，它既不会是'爱的原则'或自我牺牲精神，也不会是利己主义"②。实际上，辅导员的工作是帮助大学生成为自由发展的人，思想政治教育就是具体帮助大学生正确处理各种人际关系，把自己更好地融入宿舍、班级、党团、社团、学生会以及校内外的各种合法组织、社会团体中。指导学生在有限的时间里，特别是在互联网时代应充分利用网络资源，开辟更多的空间发展更多元的人际关系，开阔眼界，将工作经验提炼上升为多

---

① 马克思，恩格斯. 德意志意识形态（节选）[M]. 北京：人民出版社，2008：25.
② 同①：100.

种思维范式和价值观标准的理论。从时间、空间和人际三个维度，开发多元思想政治教育的工作技术路线，把思维范式、价值观判断、人际影响等综合因素一一运行起来。

在一定意义上，探讨人际关系，实则梳理人的各种角色及其发挥的作用。图6-1直观地呈现了一个人在有限的时间里，如果要发挥更大的作用，就要在更多的空间充当不同的角色。在当今互联网、电话、高铁、飞机如此发达的年代，是古代信鸽加千里马以及，一百多年前电报、座机的年代所不可比拟的。以往一个人几乎不可能同时完成几个大项目，到了今天正因为有了丰富的网络和通信资源，

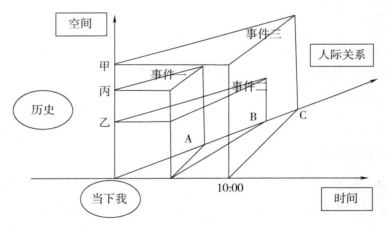

图6-1

注：事件一：9：00 我在课室（丙）检查 A 同学上课情况；

事件二：9：00 我网络购书的 B 商家从书城（乙）打来电话跟我确认；

事件三：10：00 我和刚刚检查课堂发现的有问题需要解决的 C 学生在办公室（甲）谈心。

才能把"人际关系"作为描述事件的"第三维度",将之与"五位一体"的思考高度结合起来。比如,在经济方面的事件有理财融资生产等,政治方面的事件有参政议政等,社会方面的事件有慈善服务等,文化方面的事件有影视宗教等,生态方面的事件有环保治理等。一个人若要同时完成不同的角色任务,就是说同时在经济、政治、社会、文化、生态方面都能完成任务,由以往"平面式"的事件变成了"立体式"的事件,从而创新思想政治教育的新视阈。辅导员工作的技术含量恰恰就体现在帮助学生在立体式的事件中体验,增强他们的自我效能感,从而促进自由的发展。

第七章

人际交往引导

有一些现象可能让人不那么接受，比如学生上课不专心，一边听老师讲着课，一边跟同桌聊着天，一边在电脑上做了一份活动计划，人们常常会认为三心二意很可能每件事情都没法做好，这个学生看来是要批评教育了。但是有一种情形你一定很接受，那就是坐车回家的时候，你处理了一份文件，同时又完成了手机上朋友聊天、工作群聊天，有可能还看了一本电子书，相信这样同时完成四五件事甚至还可以完成更多的事情是令人羡慕的。人们要完成这些事情，其实就是要进行这样那样的人际交往。可以认为，人际交往是指为达成某一目的，人与其他人之间通过一定方式的接触，在心理上或行为上发生相互作用、相互影响的过程。无论最终交往的目的是否达成，人与人之间就已经发生了某种人际关系，并且已构成了某一事件。在描述事件的时候，往往使用"时间和空间"两个维度，事件的呈现是"平面化"的，在纵坐标和横坐标构成的象限中表现为一个点，通常经过拍照可将某一事件立此存照。实际上，单用两个维度对事件的描述是不足够的，还需要在"立此存照"旁边加注图片说明。但如果用视频或动图记录事件就明显不一样，一段视频可以反映那个时间和那个空间，有什么人物，持续了多久，而不用在画面加注更多的描述就可以明白或推测正发生着一件什么事情。画面中的人物与执拍人是什么关系也能推测出一二，就算是偷拍，那也提示了执拍人有可能是"狗仔队"在追踪他们的"猎物"；如果是路人抓拍，或是路边监控摄像机无意的记录，那么这件事情往往是令人感兴趣的或是具有某种意义的事情，很可能揭示了事物的真相或者有助于破案。由此可见"人际关系"可构成事件的"第三个维度"，与时间和空间一起对事件进行"3D 描述"。事件"三 D 化"，意味着人可以控制自己在变化的时间、空间和人际间发生不同的事件。如果不与某些人交往，那也就少了其中一些"事情"。到底该不该与某人交往，应该如何跟人交往，这也就成为辅导员指导大学生学做事、学做人的必修课。

一、探讨大学生人际交往渐进式"三境界"

为了更"快"地让大学生体会人际交往的魅力，可先来玩一个游戏，每班自由组织同学们报名，先后完成 10 人跳大绳和 30 人跳大绳两个任务，以视频为证，班际比赛。活动后，可把同学们集中起来，分享视频，也分享心得，可以看到各班完成的质量如何，整个过程的难度以及每一位成员的态度发生了什么变化，最后每班派人总结一下这个活动有什么收获。特别声明一下这个游戏最好设计成课外作业，这样有充足的时间完成。相较而言，若这个游戏要求在课堂完成就会困难重重，尤其是 30 人的跳大绳，基本很难在课中完成。活动中，大家紧张兮兮，来不及半点考虑，完成得稀里糊涂，除了个别学生学会一点应变，普遍采取了降低对要求的方式一降再降地妥协外，相当一部分学生无法体会组织、协调活动的好处。要让学生自己体会每个人在任务当中发挥的作用以及可能出现的惰性，辅导员应指导学生学习怎样把团队意识激发出来。我在不同专业不同年级的心理健康教育教学中都用上了这个游戏，学生普遍反馈教学效果不错。45.3%的同学被这个游戏吸引、36.5%的同学在游戏中学会策略、32.8%学会调整情绪、30.7%学会服从、25%明白了规则的重要性、21.4%明白场地等条件的重要性、7.3%学会了领导、7.3%学会监控时间。支持这个游戏的同学主要是体会到游戏能提升团队意识和团队能力，团结一心才能完成集体任务，通过游戏促进了同学之间的凝聚力，还可以培养同学之间的默契、互助、配合以及团队协作精神。人际关系实际上是一门大学问，在心理学里，人际关系是"指人与人之间形成的心理关系，是一个相对稳定的过程，侧重于旨在沟通和交往的基础上的形成的心理状态和结果"①。良好的人际关系使大学生的需求得到满足，也使大学生达到调适情绪、满足情感的目的。同时，此类团队游戏还具有促进大学生社会化的功能，促使大学生在追求理想化的环境与人人平等的境界之间适当取舍平衡。实际上，大学生形成良好的人际交往还需要意识形态指导，而不是听之任之，甚至让学生"纵容"个人喜好。还有的学生与舍友相处得很不愉快，往往提出调换宿舍的请求，其实是在逃避问题。学校处理这类问题时相当棘手，出于确保安全的前提，

_____

① 邱鸿钟.大学生心理健康教育［M］.广州：广东高等教育出版社，2012：183.

学校在有条件的情况下还要满足这些学生的请求，但往往是捉襟见肘。这种办法无异于"头痛医头、脚痛医脚"，治标不治本，最终问题还是得不到解决，还会引发越来越多的同学争相效仿。这样不仅会造成资源的浪费以及管理上的混乱，对学生的成长也毫无帮助可言，等于公开默认他们之间可以长期存在一些解决不了的矛盾，助长了遇事不去积极解决问题的作风和习惯，而且还会使矛盾不断累积起来，有可能最终爆发更难以解决的问题。因此，思想政治教育要坚持以解决人际问题为工作核心。

　　大学生人际交往可历经三阶段：第一阶段，"好基友"阶段。也即处好与舍友两个人的关系，这是人际关系的初级阶段，即同性的两人之间你好我好，俗称"哥们""闺蜜"。这里并不是刻意要把异性的交往从人际关系的第一阶段中除去，而是把异性之间（除被归入两情相悦的爱情的两人外）的交往置于第二、第三阶段中去讨论。现实中把异性称"哥们"或"闺蜜"的现象确实不少，但争议也不少，这种界限不清的关系并不稳定，容易消失或迅速进入第二、第三阶段，异性好朋友快速发展成情侣关系。人际关系第一阶段的两人相处非常需要以赞扬和倾听作为切入点，在你来我往中体现魅力。两人交往可以是自发的，也可以是出于和谐的原因被动进行。两个原本陌生的同学考进大学之后被分到了"二人间"宿舍，关系融洽是必须通过两人共同努力才能实现的，可把握的有四因素：接近因素、互补因素、才能因素和个性品质。两人可以找到彼此间的相似点就会产生共鸣，相互间就容易打开心扉、畅所欲言，促进情感的交流，构建宿舍和谐氛围。加强沟通是和谐相处的硬道理，但并不是两人相处的最终目的，而是要珍惜人与人的相遇，相互促进彼此的成长，这个过程难免会出现观念的碰撞甚至是分歧。面对分歧，不要盛气凌人，毕竟自己不一定是最对的；也不必自卑，总觉得自己样样都比不上别人，甚至觉得别人理解不了自己。这些都是片面化的、极端的想法，都不可取。双方应谦虚宽容，找到可以互补的地方，通过赞扬和倾听的方式不断强化彼此欣赏的特点，促使两人各自展现他人不可替代的才能，最终形成鲜明的个性特点。第二阶段，是"三人行"阶段。孔子曰："三人行必有我师焉"，这个阶段要发挥个性中"超我"人格的作用，激发每个人都具有的"好为人师"的一面，与好朋友分享自己如何认识和理解人世间的"大道理"，自己将会怎么做，同时也参考别人的意见。至于哪一种理解和做法最好，那就看各自论证。大学是形成批判思维最好的地方，一些学术的讨论都基于"辩"的基础上，如果涉及人格的修炼也需经历"咬耳扯袖"的局面。第三阶段，团队阶段。这是打造人际关系的重点阶段，也是成熟的阶段，成熟的标志是：微笑、主动和接纳。需注意解决好几个情绪问题：过分自卑、猜疑嫉妒、自我封闭、害羞心理。维系良好人际关系有一套约定俗成的"一三五"动力系统："一缘"即强调茫茫人海相知相遇是缘分使然，"三值"即颜值、BMI 值（＝体重除以身高的平方，18－25 为正常）和商值，"五子"即票子房子车子孩子和包子/鞋子。实际上这个"一三五"动力系统并不能帮助个体构成理想的人际关系，因为这种人际关系的目标并不清晰，其实质上充斥着一些糟粕文化的影响，尽管也可能奏效，但有些人际难题始终未能解决，说明学生并不能接受一些世俗的陈规滥调。人际关系"三阶段"的发展是渐进式的，应引导大学生尊重"象牙塔"的清高气质，跳出世俗误区，辩证看待人际关系，强调个人发展应与新时代需求相适应发展。指导大学生做好"个人与社会的关系"这个重大课题，要以"平等、诚信、宽容、换位思考和互补互助"的方法，积极提升大学生处理好团队困难和提升团队危机的能力，重视每一位成员认可的团队价值观，形成团队文化，研究团队技术和团队战略，促进团队为共同的目标精准发力。

二、人际交往引导的本质是心理健康教育的非课程体系实践

实际上，人际交往引导并不是一件容易的事情。孩子如果存在人际交往困惑，常常引起家长的焦虑。比如在家庭聚会中，孩子封闭起来不跟大人说话，同龄人之间也不交流，坐在某处各自刷手机，聚会结束各自回家。这种聚会就算再多也徒然，根本不能提升孩子的人际交往兴趣和能力。等孩子长大，考上大学，往往跟同学处不到一块，作息时间也和同学舍友不一致。有个别学生不愿意跟别人沟通交流，集体活动也不愿意参加，跟老师的接触更是少之又少。毕业若干年后，就再也没人能想起有这么一个同学了。这种人际关系实际上是"逃避心态"所致，学生的社会功能不健全，对人际关系问题敏感，躲避人际关系中的各种问题，就很容易出现这种状况。比如两人、三人、十人以及十人以上的宿舍，都会出现人际关系紧张而频频投诉；不参加班级活动导致社会支持力量稀少，所在集体也缺乏凝聚力，自然个人也出不了好成绩；个别学生由于自我闭锁，过于放纵自我，导致学习跟不上进度考试不及格，这些消极现象的

出现，使提高学生的团队精神、合作能力、服从能力和创新能力更是成为了一纸空谈，这一系列连锁反应实际上是心理出现不健康的征兆，需要教育引导。

辅导员在大学生人际交往引导中，应使个体认识和处理好"个人与社会的关系"。这不仅是社会的需要、团队的需要，更是个体成长的需要。人际关系是个人社会化的结果，人际交往教育已成为心理健康教育的主页。确实需要引导学生学习人际交往，教会他们与周围的老师同学交换信息，敢于展现自己的思想，表达自己真实的情感与需要。大学生应自主意识到，人际交往过程中不需要伪装，也不必害怕别人指责和批评。辅导员只有经常让学生去交流经验、训练沟通技巧，才有可能让社会功能正在缺失的学生提升和完善素质，让胆怯的同学敞开心扉，自由地表达自己，又不会对别人造成骚扰。达到这种状态，需要锻炼，需要通过非课程体系作为教育最好的抓手。单纯要求大学生把专业知识学好已远远不够，还需要为他们提供教育实践平台，如社会党团活动、社会调查、志愿服务、校园文化活动、体育竞技等。建立非课程体系的优势在于可以系统地帮助学生走出课堂、走出校门、走进竞赛的舞台，通过常规的、创新的、个性化的活动形式，帮助每一位学生一步一个脚印地成长起来。课堂外8小时的时间如何充分用上，可以是学生会各部门定期开展校园文化活动，文娱晚会、辩论赛、演讲征文比赛、趣味体育比赛、宿舍文化比赛，还有科技创新创业比赛、职业技能比赛、英语写作和口语比赛、环保作品比赛、视频比赛、宣传作品比赛等。除了在校期间的比赛，还可充分利用寒暑假，开展主题学习如"三下乡"支医支教、社会志愿服务（"马拉松"急救队、火车站"春运"指引队等），还有学校周边社区的便民服务等。同学们可以在学校的组织下做力所能及的事情回馈社会，这些活动覆盖面虽然有待扩大，但已在进一步开发，如社会实践课程，可作为非课程体系的必要补充，比如社会调查、岗位见习以及劳动锻炼，尽管医学类专业还有整整一年在临床实习的机会，但不同阶段的教育会带来不同的收获。非课程体系教学目标是要在课程体系外全要素地使全体同学一个不能少地训练和提升职业技能、提高人文素养、提高沟通交流能力、掌握调查研究的工作方式以及遵守劳动纪律、养成劳动观念和提高劳动技能等方方面面。在这样的教育方式下，使"第一课堂"和"第二课堂"达到充分融合，发挥课程与非课程体系的优势互补，在教育过程中以"问题"为导向，实现教育的可持续性推进和发展。

因此，人际交往引导就是要培养大学生形成良好的人际关系，就是要实现个人社会化，落实思想政治教育的"实践育人"功能。其实质就是通过实践的方式，对个人实现全面的思想政治教育，而大学生在实践过程中表现出来的不足，正是我们的教育需要弥补的方面。使个人的社会功能不足无所遁形，自觉在社会的锻炼中与优秀的他人对标，进而激发成长的动力。大学生来自五湖四海，因教育背景和社会环境不同，他们的社会价值观和行为规范不同，要动员他们参加这样那样的活动中确实不容易。也可以通过党团建设对党员和学生干部做好教育引导，让党员学生干部起到带头作用，引导大学生在校期间加入各种团队，通过团队氛围熏陶，促使个人在团队建设中践行社会核心价值观和行为规范。特别是每个人在不同的团队中担任不同的角色，就更能促其体会人际关系的复杂性，更能体验不同角色可以发挥的作用，使个人的"自我同一性"建立起来。大学生要对自己所处的角色不断重新认识，看到自己的成绩或优势才能提升自我效能感，更能清晰知道自己要去哪里，从而精准发力。所以把个人置于团队当中才能更好地成长起来，向远大的目标进发。团队好，个人好；个人好，又反过来促进团队好。美国心理学家马斯洛的需要层次理论说明每个人都是追求自我实现的，所以也可以解释人为什么要参加各种团队，是因为人的生存在团队中更能得到保障，安全感才能更强烈，人际感情才能牢固，进而形成团队凝聚力，进而在团队中发挥作用从而赢得他人尊重，进而促进良性的人格社会化，经过团队成员的共同努力，最终实现团队愿景。

三、辅导员为大学生人际交往把脉开药

　　人们对于中医看病印象最深的便是中医师把脉了，这个"把脉"的技术与还原飞机的"黑匣子"数据的技术一样有着异曲同工之妙。辅导员分析大学生言行的时候，也有类似"把脉"或"黑匣子"分析的技巧，比如学生的学业成绩、上课出勤记录、参加活动记录、获奖或处分记录、担任学生干部记录、夜不归宿记录等，这些就像"脉象"一样记录着学生人际交往的状态。如果辅导员掌握不好这些记录，不能用好这类数据，就会像医师误诊一样对有问题的学生漏判误判，对学生的印象就会出现偏差，推出的教育措施措施也如同中医师开错药方一般。所以辅导员也要训练"把脉开药"的技巧，

要对收集的学生"大数据"敏感，有必要还要与家长联系了解其在家的表现。比如曾经有位学生找我谈心说很喜欢我的课，但接下来连续两次课堂点名发现他没有来。我稍微花了一点时间去关注了一下这个学生，包括向学生干部和寝室舍友了解他的表现，综合表明了这位学生存在社会功能缺失、意志力水平不足等问题。刚好家长打电话来了解学生在校表现，我也顺道了解了他的过往表现，包括情感问题，随即发现他有失恋史，我判断他内心痛苦已接近病的边缘，需要专业帮助，上课缺勤是"求助"信号。家长听了我的分析后马上送他到相关权威医院诊断，确诊为精神分裂症。由于诊治及时，病情较轻得以控制和逆转，经过休学治疗一年后复学并最终修完了学业。

辅导员开展学生工作除了"诊治"大学生人际交往表现出来的"症结"，更重要的是帮助更多的大学生处理好人际交往，目的是尽早培育大学生职业团队精神。当个体处于一个集体、一个团队中，就会自觉不自觉地遵循着五原则——平等、诚信、宽容、换位思考、互补互助。如果某个个体不乐意参加这个集体或者团队的时候，也就表明他并不认可这个集体或团队的价值观和氛围，在刻意回避。集体或团队应重视每一位成员的价值观和需求，确定目标，统一认识，鼓励每一位成员共同研究团队战略。要极力避免集体或团队给成员带来的消极因素，如注意"极化—懈怠、责任分散和去个性化"的现象，即个体在集体或团队中有凝聚力的个别人带头下出现消极顺从的时候，就会出现懈怠、责任心下降和"人云亦云"的从众表现。因此，在团队建设中，应唤醒个体社会责任感，而社会责任感源自完善的个性。真诚和乐于助人的个性是人类最乐于接受的品格，所以，要在大学生的人际交往实践中培养大学生这些优秀品格。

四、党团建设中的人际交往策略

发展党员是其中一项重要的基础性工程，发展党员这项工程一共 25 步，包括第一步入党申请，以及随后各个阶段谈话、考察、报备上级党组织和开会等 24 个环节，实则通过这些环节对发展党员标准进行反复讨论，促进先进分子发挥关键的作用，可以通过调研来帮助学生了解和探讨党性培养。党的十九大已胜利召开，中国特色社会主义进入新时代，习近平新时代中国特色社会主义思想已写进新党章，并做出了新的重大判断，那就是我国社会主要矛盾已经转化为人民日益增长的美好生活需要和不平衡不充分的发展之间的矛盾，今后无论面对怎样复杂的社会需求，都要注意解决好这一矛盾。全面从严治党永远在路上，表明了教育管理的目标必须与时俱进，新时代要有新气象新作为。党员教育管理要始终保持党员先进性，攻坚克难，解决好党面临的执政考验、改革开放考验、市场经济考验和外部环境考验等问题。而党员的"教育"和"管理"是相辅相成的，教育是柔，管理是刚；教育是微观到个人，管理是着眼在宏观；教育是为了减少"管"的约束，管理是为了促进"教"的效果，教育和管理都要狠下功夫，才能在培养学生党员方面获取理想成效。

分析和解决学生党员中存在的突出问题需要有"敢为人先"的精神，"要了解中国，必先了解中国共产党"。我党始终走在时代前列，党员是中国特色社会主义伟大事业的重要"人力资源"，应担当起全面建成小康社会和中华民族伟大复兴之大任，为推进构建人类命运共同体的伟大进程贡献力所能及之力量。要传承我党的建设历史，遵从最基本的"三会一课"制度、民主评议制度、发展党员工作制度、转组织关系制度、党费收缴等制度，这些做法是传统有效的，确保不走样。此外还需要创新学习形式，比如主题活动教育、专题培训、理论线上宣讲、课题调研、交流会、党员户外拓展等丰富多彩的活动，活跃党建氛围。应坚持理论学习，学深悟透，才能准确把握我党指导思想的精髓和核心要义。要高举中国特色社会主义伟大旗帜，坚定道路自信、理论自信、制度自信和文化自信，确保发挥党员先锋模范作用、支部先锋堡垒作用。目前一些基层党支部存在"三会一课"表面化、形式化、娱乐化、庸俗化倾向，有些党员乐于参加文体活动、户外活动，却不能抽空撰写心得体会、做党课会议记录，认为这是新的"形式主义"。然而，历史以语言文字为载体，需要学习才得以系统把握。每一位党员都应加强学习，包括时事政治还有党的发展历史等，了解长期以来党建经验形成的由来，每一位积极向党组织靠拢的同学从内心认可才能更好地继承，才能自觉地配合党建的规范性开展。不少根据实际工作需要陆续增设的制度如流动党员制度、党日制度、问责制度等，都是党员管理形式发展的结果，还有其他制度将随着新的问题出现而陆续形成新的制度。党员不学习就不知道历史，就不明白形势发展之所以然，教育意义就不能真正发挥出来。

教育学生党员应珍惜党员的身份，有极个别党员缺乏身份认同，害怕别人知道自己是党员，一部分原因不想承担责任，也有一部分原因是担心党员身份影响他人的判断。有的党员做法比较极端，在毕业的时候不及时办理转组织关系从而成为"口袋党员"，这是组织观念淡薄的表现，提示了入党教育阶段可能在思想上的剖析还需进一步深入。学生党员是在学生群体中的佼佼者在学业成绩或工作中有突出表现，但个别学生入党之后却表现出学习松懈，推搪上级交给的任务，对外界提出的高要求产生畏难情绪，还存在"两面现象"，对老师的要求唯唯诺诺或者沉默，对同学则过于迁就放松，工作不到位、失信等，甚至还有一些党员以学习时间不够为由辞去班干部职位。这进一步提示了在制定党员标准的时候不能只重视学生学业成绩，学生入党前学习成绩很优秀那也只是阶段性和历史性表现，还要判断其优秀能否足够面对未来，归根结底就是考察入党动机是否纯正。考察入党动机是为了掌握学生的心理状态，如果学生以共产主义信念作为入党理由，那么往往表现出百折不挠、勇于担当的精神状态，不回避问题，不以各种理由为自己的不负责任当作掩护。"工作占用太多精力影响学习"的说法始终是源于学习态度不够端正，反映了考察对象不能抓紧时间，未能掌握科学的学习方法。勤能补拙，好的学习方法总是从看似"笨拙"的方法开始，承认落后，才能激发上进心，才有可能培养起责任心。那种担心开展工作会得罪人"偏离"群众路线的想法归根结底也是因为不敢担当，把入党当成了一种政治投资，认为得罪人就会耗掉政治资本，有责任担当的优秀分子都必须过好"得罪人"这一关。

此外，还要促使党员解决好"重专业轻职业"的现象。相对于专业学习（特指职前的专业知识学习）而言，职业教育似乎显得重要而不紧迫，对于自觉的学生这一系列的教育似乎成了累赘，而对于不够自觉的学生就仿佛成了多余，导致两种教育割裂形成"两张皮"。学生能否毕业和升学目前与专业相关性高，似与职业教育相关性低。其实，要让学生明确专业学习只是职业教育的一部分，学生党员应带头学好本领，这包括学好专业知识以及职业技能和提升人文关怀的本领。党员教育管理是政治性的，具有强烈的意识形态性和价值取向性，应严肃要求学生党员处理好职业教育与专业教育是相辅相成的关系，专业学习只能作为学生基础的短期目标，职业规划才是长远的目标，这可以帮助自己一生进步和发展。

习近平总书记反复强调深刻认识马克思主义的时代意义和现实意义，要以习近平新时代中国特色社会主义思想作为党员教育管理的指导理论，用马克思主义立场分析和解决问题。首先指导党员应钻研新时代马克思主义中国化的理论成果。学生党员应持续保持学习热情，不断探讨马克思主义理论中国化大众化，不断开拓符合马克思主义立场的古今中外社会学、哲学伦理学以及心理学等理论。晚近，各方面迅猛发展，党员的知识若更新慢了，思路就跟不上形势的需要，就会造成理论品格不强。党员理论品格未形成，就会失去灵魂表现"缺钙"，就会理想信念淡漠、信仰不足。其次教育党员应拓宽视野为构建人类命运共同体努力奋斗。供给侧结构性改革是以习近平总书记为核心的党中央的重大理论和实践创新，党员同学要明确这是为了适应经济发展新常态提出的新举措，目的是使供给体系更适应经济需求结构的变化。党员应自觉把自己置身于改革的洪流中，积极配合打造"人口质量红利"，培养"五大发展理念"，以创新驱动为导向，发挥优势把控未来。推进供给侧结构性改革，是正确认识经济发展趋势而选择的经济治理良方。学生党员主动学习新理论，才能既进一步巩固之前学习的马克思主义理论，又可以拓展自己的知识面，更重要的是帮助自己认清当前形势主动配合各方面建设。又比如站在马克思主义立场借鉴弗洛伊德、米德、马斯洛等心理学理论，也具有一定的现实教育意义。在考察党员的时候就要抓住比如多次忘记佩戴党徽等一些小细节进行教育。弗洛伊德的无意识理论可解释了个体的某些抵触情绪，也可以运用心理学家米德的"符号互动论"对忽略佩戴党徽将在与人交往中弱化党的潜在权威影响力作出批评。符号背后的意义相当重要，符号的合理运用，可以使人与周围发生无声的互动。现实中还有一些党员立场不够坚定，甚至例如在历史虚无主义面前显得毫无反驳之力，那么用马斯洛的自我实现理论解释人的共产主义的高尚追求是毕生夙愿，应坚定理想信念，强化政治信仰。但要重视也要跳出此理论的限制：未被完全满足生理需要和安全需要的人是否有可能被激发出高级需求，比如爱的需要、尊重的需要和自我实现的需要，一个个战斗英雄、时代楷模和逆行者的榜样，足以论证了高层次需要对人具有决定性作用，生理需要和安全需要不一定完全满足才会有更高一层的需要。还有其他更多的心理学理论可以创新性地运用于党员教育管理中。

关于党员的权利和义务，《党章》第一章有详细严谨的规定，应关注几个关键的地方。首先是年龄方面，必须达到十八岁，其次是提出入党申请，再次是在一个团队中经过长时间有意识的考察后才能被确定为积极分子，有准入标准和名额限制，关键是考察对象是否动机纯正，其标志是具备共产主义觉悟和为实现共产主义奋斗终生的信念。可以认为，学生党员是被赋予深切厚望的团队中的佼佼者，应比其他同学更清晰地认识自己的所思所为，在行动上更需要符合党和国家提出的要求。

时代需求是党员教育管理的引领，要强化在意识形态领导下提升党员主体意识。党员教育管理首先体现在意识形态教育的实效上，这是社会主义高校的特色，坚持社会主义道路，坚持人民民主专政，坚持共产党的领导，坚持马列主义、毛泽东思想是"四项基本原则"。现阶段，每一位党员应反复学习习近平新时代中国特色社会主义思想，围绕"四个全面"和"五位一体"的总布局，坚持"四个意识""四个自信"和"两个维护"为实现中华民族伟大复兴的中国梦而努力奋斗。除了牢记党员的权利与义务，牢记党的民主集中制组织原则，还应树立底线思维，谨遵《党员必须牢记的100条党纪党规——〈中国共产党纪律处分条例〉》（2017年）。党员教育和管理必须激发党员的主体意识，对所处的地位、能力和价值观有自觉的认知，思想的自觉带来行动的自觉，从而具有主观能动性。要走群众路线，努力增强党员教育管理的说服力和战斗力。党支部要定期组织党员开展"三会一课"，这既是保证理论学习的一项机制，又利于对党员定期提出具体要求与激励关怀。在党员之中有效开展批评与自我批评，是最令人心灵触动的环节，需要党支部书记反复解释并教育党员既要正确面对自身存在的不足，又要正确面对别人对自己提出的意见和建议。还要坚持检查一些具体措施是否"落小、落细、落实",强调个体差异教育。党员评议时需要继续考察入党动机,对其觉悟应有基础判断和教育提升后的比较。解决这些重点和难点问题,就要运用团队目标教育和管理才真正具有说服力。党员齐心协力,目标一致,可把团队中所有力量集中起来,形成一股正性合力,最终与外界需求相符合。

再次要应时而动、顺势而为,全方位提升党员教育管理的吸引力和感染力。把"时"和"势"分别看作横坐标和纵坐标,横坐标是时代的需求,纵坐标是党员的责任包括党员的权利和党员义务统一,是有底线的。只有处于"第一象限",党员的发展才是"应时"和"顺势"的,才能积满正能量;处于第二、三象限提示效果不符合时代的需求,从横坐标看工作虽推进,但责任方向没搞对就是不应时,则党员发展效果适得其反;处于第四象限的发展违背规律即不顺势,尽管符合某些时代需求,但责任不到位甚至跌出底线,这样发展仍走不远。目前我国社会主要矛盾已经转化为人民日益增长的美好生活需要和不平衡不充分的发展之间的矛盾,把握时代的需求,就是把握好社会主要矛盾,要"应时""顺势"才能发现"不平衡不充分"的地方。同时,党员义务与党员权力应当辩证统一,党员的权力如果重视不够,党员的责任也会受到限制从而呈现在纵坐标上体现为"尽义务"动力不足,提示了教育的吸引力和感染力不够。党员教育和管理,目标就在于提升党员的责任意识,责任意识越强,党员就越能体现意志力从而克服重重困难完成各种任务。实际上,提升教育和管理效果就是学会"应时"和"顺势","应时"就是通过符合时代需求而激发的个人行为，也就是说个人行动要"应时而动"。"顺势"就是发挥"民主集中"的作用，既满足党员的权利和又激发党员尽义务的主观能动性，如获得团队荣誉，使个人效能感和团队效能感达到一致就可以激发出动力来，从而提升党员教育的吸引力和感染力，使其意志力得以提升。认知心理学认为意志力是人的精神资源。"应时"和"顺势"都能节省很多意志力资源，假如不耗费太多"资源"便达到理想的效果，个人就能体验到"愉悦"。而要达到"应时"和"顺势"的状态，就要有前期积累和准备，全方位探索时代需求，要充分学习，用好"互联网＋"，设计工作平台和工作软件，激发党员创新思维跟上时代的步伐，积累知识，提升解决问题的能力素质。党员应明确自身在集体中的角色定位，与其他党员一道合力完成党的一切工作，促进整体进步。在转型期社会的背景下，学生党员教育管理面临着各种新情况新问题的挑战。因此，必须在时代的需求下，坚持以马克思主义立场，唯物辩证地分析"瓶颈"发展问题，遵从意识形态的要求和党员发展的规律，跟上时代需求的步伐，踏实获得党员教育管理的成效。

第八章

学习心理健康

唯物辩证法告诉我们，事物具有"万物动"和"万物联"的特点，事物之间既相辅相成又相互制约总是有规律地发展着，经历从量变到质变以及否定之否定的过程。矛盾是事物发展的产物既"一分为二"，又"对立统一"，谓之"辩证"。辩证法是认识事物矛盾的哲学，是有阶段性的，最初是思辨，之后是实证，最后是整合。其中，如何思辨，体现了主体是唯物、唯心还是折中？物质和意识谁是第一位？唯物主义总是把物质放第一位，意识放第二位。

习近平在 2019 年 1 月的《求是》杂志上发文指出，辩证唯物法始终是中国共产党人的世界观和方法论。这一理论定调，决定了我们党接下来实施的方针、政策是以新时代工作中出现的种种不充分不平衡的问题为导向，基本方略也是从客观实际出发，而不是从主观愿望出发。在科学理论指导下，我们在开展工作的时候一是要把关注点集中在不同发展阶段所遇到的新情况、新问题上；二是要勇敢面对困难和挑战，养成不被眼前现象迷惑且力透背后实质的能力；三是要有方法、有策略地以问题为导向，分析问题，最终妥善地解决问题。问题导向和问题解决均涉及广泛而系统的知识体系，需要人们不断提升认知水平和学习能力。美国认知教育心理学家奥苏贝尔认为"人类具有意义学习"的特点是用符号代表新知识，并与学习者认知结构中已有的适当概念建立起"非人为的、实质性"联系的过程。美国心理学家 J. H. 弗拉维尔提出"元认知"的概念，即对"认知"的认知，包括元认知的知识、元认知的体验、元认知的监控等。我们在激发学生党员发挥学习的先进性时，要不畏惧困难和挑战，要解决学生的学习问题，就要引导他们开展"有意义学习"和"自我认知"，同时加强自我监控作为改进学习的策略。

一、学习心理学的新时代呼唤

我党要求，要把大学生培养成德智体美劳全面发展的社会主义建设者的接班人，其中，"智"是指智慧和能力，即能够系统掌握科学文化知识和技能，具有掌握真理和规律的能力。大学生都是挤过"高考独木桥"的佼佼者，大部分学习能力是在众人当中最引以为豪的。有些大学生入学后，才发现自己的工作和生活的智慧仍不够，称"道理知道很多，但还是过不好"，也有的学习能力跟不上大学的进度。大学要培养的能力是多元的，不仅要培养批判性思维，还要培养创新思维。部分学生每天花很多时间去琢磨社团活动，以致于对时间没把握好，因为对学习琢磨得不够而荒废学业。到了考试、评奖评优和毕业的时候才意识到自己学习能力进步慢，才后悔已错过了日常许多提升学习能力的机会。进入新时代，高校要解决人才培养中很多不平衡不充分的问题，比如学生的自学能力和创新能力发展不均衡，当有的学生还疲于应对繁忙的学业时，有的学生却已经通过自学开展科学研究了，这些差异说明专业分数已不足以证明大学生的知识水平和能力素质，还要考察他们的科学创新能力。又比如，学生毕业后参加全国职业技能执业证统考，虽可以在人才准入方面给予统一标准，但无法真正考察出人才的创新能力以及产出能力，甚至还会出现各种背离情况。因此，高校要为新时代大学生培养出健康的、自觉的学习心理。学习最需要自觉，需要一股"傻劲"，而且还需要策略。只有帮助大学生研究什么是"学习"，充分认识学习的过程会出现什么样的心理活动，怎样扬长避短，可以运用哪些技巧，才能明确自己为何学习、如何学习，才能耐住寂寞去啃完一本又一本厚厚的教材，才能开展科学研究，甚至才能去创业。

我们要详细讨论学习心理，可以参考国外比较常用的心理学流派的理论：

一是被誉为"现代教育心理学之父"的美国心理学家桑代克的"试误-联结"学说，关于学习，他提出"准备律""练习律"和"效果律"的观点。应试教育中的"题海战术"，就是桑代克所说的"练习律"在发挥作用，意思是，练习越多，学习的正确联结就越多，分数就高。这种学习"效果"其实并不理想，反复试误会留下很多弊端，学生思维受到限制，学习的动力和乐趣被过度束缚在正确应答问题上，机械地了解知识却难以真正掌握其内涵，未能形成自主的系统化思维，并且在解决现实问题的时候会发现运用能力并不强，意味着学习效果转化明显缺乏。桑代克的另一"效果律"理论提示不满意的效果会降低学习中反复练习的热情，导致自觉学习最终消失，这与思想政治教育中"迎难而上"的精神是不相符的。

二是条件反射理论，分为"经典条件反射"理论和"操作性条件反射"理论。其中"经典条件反射"源自20世纪俄国生理学家巴甫洛夫的动物生理实验研究，而美国行为主义心理学家华生受其影响几乎把人的学习的全部定义为行为的强化。"经典条件反射"理论与桑代克的"频因律"都强调反复刺激可使行为习惯形成，但经典条件反射理论还发现了"第二信号"即铃声可以替代食物引起实验狗唾液分泌的现象。美国心理学家斯金纳的"操作性条件反射"理论，认为可以把不可能变成可能，例如伴随枪声的"放松"，最终引导出个体听到"放松"就能出现紧张的反应状况。行为主义指令确实能推动所期待行为的进程，强化一旦出现，人与动物就没了区别，只会"刺激—反应"，这就对人类学习产生了极大的硬伤。首先"一刀切"，仅强调依靠提供"刺激物"去激发和维持学习行为。现实中，物质奖励和精神奖励都属于"刺激"，有些时候并不需要很重的物质奖励就能激发起个体的行为，比如处于团队中的个体完成了既定的任务是出于"氛围"熏陶而非"强化"。过于"强化"会使出资越来越高才能换回所期待的行为，就是"重金之下必有勇夫"的道理。其次就是单纯的口头奖励即在精神方面给予肯定和支持，也能得到期待的行为。精神激励是成本最低且最具有可持续性的激励，如果过于强调"物"而忽略"精神满足"，无疑造成浪费。过度强调物质奖励会滋生出别的问题，例如大学生课堂问答，不一定都要小礼物去刺激。再次就是受强化产生的行为，会弱化当事人对行为意义的认识。对这个问题研究得最深的当属美国心理学家班杜拉，他通过儿童实验总结出社会学习心理，提示处于社会环境中的个体会对观察到的社会行为进行模仿学习，其行为本身是否合理、合法，有无违反道德等等，已全被置身事外。这也正是行为主义被诟病得最多的地方，把人和动物等同对待，漠视了存在于客观世界中人可被激发的主观能动性。

三是认知派学习理论。认知派学习理论极大丰富了学习心理学，纠正了行为主义过于简单粗暴的"刺激—反应"的学习联结。比如格式塔"学习顿悟说"和布鲁纳"发现学习"，用"大猩猩使用短棒取香蕉"的实验，证明整体认知、经验和主动性对学习的积极意义，但要避免这个理论的矫枉过正，否则会滑进唯心主义的误区；托尔曼的"符号学习理论"与奥苏贝尔的"有意义学习"，揭示了学习的深层规律和获取新知识"非人为联系—同化"的心理机制，强调概念和命题是真正开启知识运用、问题解决和创新的关键点，只有认识了真理的概念和命题，才能拥有真正的学习策略。比如，似是而非的命题"如何把大象装进冰箱"，可以综合贯通使用所学的知识对概念进行不同的解释，从而分化成真命题或伪命题。我们从"大象"的定义着手，首先定义大象为"大型动物"，依据现实中的大象体积与常规的大冰箱相比，前者比后者大好几倍是不可能把大象直接装进冰箱，可以认为这是个伪命题，因而从这个角度可以不作答。其次如果把大象定义为玩偶，这样，此命题又变回来真命题，只需要在打开冰箱门就能轻松把玩偶装进冰箱，关上冰箱门。最后如果把"大象"解释为一种符号，这样，程序只需三步：打开冰箱门，装进"大象"，关上冰箱门。这里面又产生了偷换概念、不符合现实等新问题。"符号学习理论"不仅可以解释现实中遇到的某些被符号化的骗局，还可以解释现实社会中热捧"品牌"的经济怪象，因而符号化学习是当今流行的学习理论之一。如何对待"品牌"这个符号化现象，可以结合品牌在中国的发展历程、国外品牌创造的经济价值以及品牌过热造成的经济泡沫进行释义。根据现实社会需要而扩充学习理论才能产生有效的学习策略。

四是前俄国心理学家维果斯基的建构主义学习理论，这是近年来继行为主义、认知心理学后进一步流行起来的学习理论之一。此理论更加强调学生对学习整体性任务的主动认知，在真实情境中解决实际问题，明确老师对学生发挥的只是"支架式"作用，先"帮"后"撤"，开展自上而下的"抛锚式"设计教学。如果学生有创新创业项目，那么在研究的同时也建构起属于他自己的理论体系，全面地增强系统学习的主动性，这种学习模式就是自觉的学习模式，学习效果最佳。建构主义的学习心理带来的创新效应是极强的。在建构主义学习模式下，有充分的理由和足够的动力推动本科阶段开展学生科研，本科生应积极投身于创新创业活动意义非凡，过程包括在科研导师的指导下完成科研项目设计、立项、研究、结题和撰写发表论文。在这当中，特别指出"选题"是关键一步，需要科研导师首先给予项目设计，打开这个关键第一步，才能真正有助于学生开启主动学习和建构学习的模式，学生对某科研方向感兴趣就会申请报名并解释说明申请理由。师生通过面谈对接科研过程达成共识并阶段性反馈修正，学校对科研的支持辅以政策和制度上保障，使大学生在本科阶段开展创新创业成为可能，取得高水平科研产出就并非偶然。

五是弗洛伊德心理学说的最新应用。奥地利精神科医生弗洛伊德早在 19 世纪末提出精神分析学说，其理论产生一个多世纪以来，仍被广泛用于解释人的心理状态从而誉为"心理学鼻祖"。其理论精髓在于三点：1. 提出"本我、自我和超我"的三人格理论。可用于解析人成年后的人格与幼年的成长经历密切相关，还可以解释人为何会时而"童心未泯"像孩子那样幼稚，时而又"好为人师"像哲学家一样无所不知。我们看到的"自我"实际上是"本我"与"超我""拉锯式"抗争的结果，当"本我"居上风的时候，人格是率性的、感性的，而遵从"超我"时，人格是理性的。2. 无意识理论。无意识理论是心理学的伟大发现，弗洛伊德最先发现，随后其弟子荣格提出"集体无意识"。尽管开始形影不离到最后有分歧，但师徒俩对心理学的贡献是巨大的。弗洛伊德称"无意识"是冰山水下那不可知的"庞大山体"，这是人类心理有待开发的巨大资源。科学家们正把无意识的研究用于学习领域，有助于个体激发出更多的学习潜能。无意识与意识的信息，均可通过人的所有"信息渠道"，包括听觉、嗅觉、视觉、触觉、本体觉和前庭觉等感觉通道收集，进而可被运用于学习上。人们普遍认为人的学习心理受 IQ 影响，其实非智力因素影响学习心理更大，因为非智力因素往往受无意识影响。也因为有了无意识的发现人们对学习的研究变得丰富多彩。近年来学习认知研究也是热点，要求个体对容易忽略的能力即无意识方面自我监控起来，而对无意识提供的线索研究使自我监控有了抓手。按照弗洛伊德的理论，蕴藏在"冰山"基底内的大部分所谓

"力比多"实则是被自我和意识压抑着的观念、欲望和想法，在无意间却极有可能被释放出来。合理的释放比如"升华"是可以促进人的学习能力提高，如果力比多不合理的释放比如自我攻击或攻击他人对学习能力乃至整个人都是毁灭性的，而人的不经意的一举手、一投足往往是因为无意识的"投射"，暴露了人的真实想法。可见，"无意识"造成人的学习心理千差万别。3.《梦的解析》。这是弗洛伊德对人的心理研究最得意的成果，充分体现了他对"性和无意识"密切相关的认识。他认为，与"投射"功能相似，梦提供了人的无意识线索，而很多的线索却是性的表达。从他的理论得到一个启示：研究学习心理的时候性心理是无法被排除在外的，无数例子已经说明爱情的力量可以促进创新能力的形成，这在当代心理神经科学已找到了脑啡肽的证据。我们不能因为学习心理是研究的大学问，就把性心理视为难登大雅之堂的"花边"学问而割裂开来，因为大学生难以避免的会出现在生育年龄阶段需要妥善解决学习任务这个问题。结婚生子是在大学之前遭师长、家人严令禁止的行为，上大学后却成180°扭转家庭亲朋好友反复叨扰的人生任务，而学习任务恰好也同时出现在这个时段，两者冲突若不能妥善处理将直接影响专业知识和技能水平的提升，也影响了大学生能否顺利毕业、升学或入职，最终决定了人的生存质量。因此，学习心理与性心理的协同研究是为了帮助学生处理好情感与学习的关系，降低学习过程中受到的情感影响，特别要妥善处理好因未遵从性道德而造成对学习产生障碍的后果。弗洛伊德关于性的研究还有著名的"俄狄浦斯情结"，同样可以纳入学习心理的自我监控范畴。

六是马斯洛（1908—1970 年）等人的人本主义心理学，他的"需求层次理论"是认为个体可以通过意识执行其意志和愿望的，最终极大限度地发挥自身潜能。意识的研究在心理学当中浮浮沉沉，特别是行为主义者都把意识搁置在研究之外，待人本主义心理学和认知心理学才把意识重新提到了研究的中心。

七是认知神经科学对大脑功能的揭秘。认识学习心理可以从神经元的联结、割裂脑、前摄现象和后摄现象、长时程和短时记忆等深入揭示大脑的学习机制开始；可以通过对睡眠脑电波的周期性认识，即每晚睡眠：（$\beta-\alpha-\delta-\beta$ 的脑波变化）$1.5h/$次 $*$（4—5）次，对学习时间的分配提出全新的建议；还可把意识研究与人的意志力的生长和发展研究维系起来，开启学习心理更广阔的研究领域。需要改变以往关于意志力研究的沉闷氛围，"兴趣"和"持续吃苦"固然是提升意志力的构成因素，但这只是意志力的其中两个"生长点"，其他因素还包括认知分配——注意力、认知风格、动力定型、遗忘、错觉等，每一个都是意志力的研究热点。

二、学习心理学的本质是心理健康教育的工具

国外心理学成为独立学科的历史比我国早了将近一个世纪，已有相当丰富和成熟的心理学理论。针对我国高校大学生实际情况仍然需要将这些理论中国化才得以对中国大学生心理现象进行合理解释。现在流行一句话"道理知道很多但还是过不好这一生"，放这儿说的就是，传授学习心理学的目的不是单纯地帮助学生"堆积"尽可能多的道理和知识；也不是让同学们单纯为了考试而考试，而学

习也不单单是为了升学或工作，而应该是帮助学生在整个学习当中注意各个环节，自主地、周到地考虑更多细节，特别是在遇到困难的时候，他自己就能意识到自己的心理状况，通过自助或他助的方式，避免滑入无助、绝望的境界，"不忘初心、牢记使命"。只有对学习有了主体意识，才能从"要我学"变成"我要学"，清楚自己想学什么，重点在哪儿，弄清楚哪些是原则上必须学的才能做到精准发力。如果把知识按政治、经济、社会、生态、文化"五位"分类，在认识事物的时候就能更好地"五位一体"地运用相关知识。自 1879 年德国教育者冯特在莱比锡大学建立起"心理学实验室"的一个半世纪以来，心理学从哲学成功独立出来并不断繁荣壮大。心理学在 19 世纪之前就一直在发挥哲学作用，后来在"偶尔敲敲生理学和伦理学之门"的心理学又补充了含医学、宗教和文化在内的多学科的部分知识。可以这么认为，研究"学习心理"的目的是要帮助学生把经验上升为科学，使学生形成对事物"注意、保持意愿和最终创造"的心理过程。这个心理过程是帮助学生建立起正常的、适应社会的过程，也是自主的、独立的、内省的过程，需要打破已有的知识结构环，嵌入新的知识模块，最终"闭环"达到新的知识水平。

马克思主义理论引入我国后，是经过了我国新民主主义革命和改革开放 40 年的实践检验过的真理。是对意识有很高深研究的理论。马克思和恩格斯在《德意志意识形态》中对意识展开过细致的讨论："意识一开始就是社会的产物""是对处于开始意识到自身的个人之外的其他人和其他物的狭隘联系的一种意识""也是对自然界的一种意识"①；"只要人们还处在自然形成的社会中"②，"意识的一切形式和产物不是可以通过精神的批判来消灭的，不是可以通过把它们消融在'自我意识'中……来消灭"③。马克思发现并梳理出"生命—存在—生活—意识—需要—创造—历史"的逻辑思维，即个人的存在是历史的第一个前提，"生活决定意识""存在先于意识"的历史观和世界观，为的就是要阐明"只有在现实的世界中并使用现实的手段才能实现真正的解放"④，鲜明地表达了人类思想与知识的最终性质和任务就是人的实现真正的解放。他在《德意志意识形态》中借"河鱼的'本质'是河水"表明这种"解放"是"在适当时候，在实践中，通过革命使自己的'存在'同自己的'本质'协调一致。"

习近平总书记把创新看成生产力："创新是一个民族进步的灵魂，是一个国家兴旺发达的不竭动力，也是中华民族最深沉的民族禀赋。"他之所以如此重视创新，源于他对世界大势有着清醒认识。他看到当今世界随着和平合作的潮流滚滚向前，变革创新的潮流势不可挡，"综合国力竞争说到底是创新的竞争"⑤。他强调，变革创新是推动人类社会向前发展的根本动力。谁排斥变革，谁拒绝创新，谁就会落后于时代，谁就会被历史淘汰。他很清楚，不创新不行，创新慢了也不行。"如果我们不识变、不应变、不求变，就可能陷入

---

① 马克思，恩格斯. 德意志意识形态［M］. 北京：人民出版社，2003：25.
② 同①：29.
③ 同①：36.
④ 同①：18.
⑤ 习近平在浙江召开华东 7 省市党委主要负责同志座谈会讲话，2015 年 5 月 27 日.

战略被动，错失发展机遇，甚至错过整整一个时代。"① 为顺应这个大发展大变革的时代，党在十七届四中全会时提出建设"马克思主义学习型政党"的重大战略任务，习近平总书记提出要坚持问题导向，去发现问题、研究问题、解决问题，要求扎实培养创新思维，"苟日新，日日新，又日新，"在创新问题上要增强改革创新的本领。"让有创新梦想的人能够心无旁骛、有信心又有激情地投入到创新事业中"②。习近平总书记还提出，"要在全社会大力营造勇于创新、鼓励成功、宽容失败的良好氛围，为人才发挥作用、施展才华提供更加广阔的天地，让他们人尽其才、才尽其用、用有所成。"③ 批评和自我批评一直是我党的优良传统和作风，其实质就是学习的过程和效果的呈现。只有毫不犹豫地打破固有的"思维结构环"，才有可能加入新的认知模块，从而丰富知识结构进而使"闭环管理"更加科学有效，才能发挥人才的创新能力，最终达到自我实现的目标。只有经过学习，才能加强党的建设，达到自我净化、自我完善、自我革新、自我提高的状态。这是学习循序渐进的过程，是在不断的自我反馈修正中进步、升华的过程。

　　良好的学习心理学有助于学生通过努力达到"自由状态"的目的。辅导员可以怎样对学生解释什么是"自由"？"在游牧民族那里，有马就使人成为自由的人"④。首先是思想的自由的，进而是适

---

① 习近平在中国科学院第十八次院士大会和中国工程院第十三次院士大会、中国科学技术协会第九次全国代表大会讲话，2016 年 5 月 30 日。
② 习近平对中关村协同创新展示中心的企业研发人员讲话，2019 年 1 月 17 日。
③ 习近平在中国科学院考察工作时的讲话，2013 年 7 月 17 日。
④ 马克思. 1844 年经济学哲学手稿 [M]. 北京：人民出版社，2000：129.

应环境的自由，是由内而外、从外及内的自我革新。学生不仅要达到心无旁骛、有信心、有激情的"心理健康"状态，还能解决实践中各种问题，最终推进社会进步和发展。心理学家维纳对行为结果的归因论认为"努力"是可控因素，所以，"努力"是学习的必要条件，问题解决是学习的结果。其次就是具体指导如何努力，从哪几个方面努力对学习过程的心理状态进行有效干预。可将学习心理分解成学习动机、学习习惯、学习态度、学习过程内省自测、记忆策略、意志力生长以及创造力养成等方面，同时厘清干扰因素和制约因素，排除生理错觉、"前摄和后摄"现象以及身心病态等非主观意志因素的影响。

心理健康教育的效果可以从提升学习心理素质和问题解决的质量和程度进行判断。问题解决，在教育心理学领域也是一个重点研究的问题，属于"高级形式的学习"，由美国教育家杜威（1910 年）的《思维术》中首先提出，对解决问题给出经典的"五步骤"：意识难题存在，识别问题，搜集材料提出假设，接受或拒绝假设，形成结论并评价。此法被用于科学研究的多个领域，其实质是以问题为导向，通过知识的运用解决问题的过程。英国心理学家华莱士1924 年提出问题解决"四阶段说"：准备、沉思、灵感和验证，被众多学者视为创造性解决问题的步骤。在当今实际教学中，"问题导向"已成为引导学生自主学习的最流行的教学方法之一。而在我党的十八届六中全会中，"问题导向"也作为专有名词首次出现，习近平总书记指出，我们共产党人干革命、搞建设、抓改革，从来都是为了解决中国的现实问题。他强调，问题是时代的声音，必须坚持问题导向。

三、辅导员对大学生学习心理发展的积极引导作用探究

2017 年 10 月 1 日起施行的《普通高等学校辅导员队伍建设规定》，辅导员工作主要在新形势下，帮助大学生树立正确的世界观、人生观和价值观，为此，我总结自己多年来的辅导员的工作具体包括以下内容：学生党建团建、学风建设、事务管理、行为管理、综合素质测评、课外活动、科技创新、社会实践活动、网络行为引导、经济困难帮扶、勤工助学、危机预警和危机应对、职业生涯规划以及心理健康教育等。其中，学风建设主要干预学生迟到、早退等违反课堂纪律不端正的学习态度和行为，还包括杜绝论文抄袭、考试作弊等非诚信行为，提倡大学生学习要遵守校规、互帮互助。辅导员在进行大学生学习心理调适时，不仅要以学习适应、学习动机、自我效能和学习意志力等作为具体切入点，还要更多地关注大学生人际交往、情绪管理、经济困难帮扶和就业指导等方面。实际上，辅导员对大学生的学习心理干预可以开发更多积极有效的教育内涵。理由有三：1. 大学的知识含量远大于高中以前，如果对学生整体情况进行分析，就会发现那些口头上不敢怠慢心里却不重视学习的学生暴露无遗，应介入个性化教育；2. 大学生存在的"高分低能"现象实则是缺乏反复钻研的精神，需要有专业背景的教育者与大学生经常交流学习方法；3. 根据诺贝尔获奖者的平均年龄提示大学生正处于创新阶段，这与埃里克森所人生完成"亲密感"的人生阶段任务构成了一对矛盾体，辅导员专业地提醒学生学习不仅可以提升指

导的有效性，还可以贯彻学校为社会培养创新性人才打好基础的办学理念。

　　辅导员工作要达到专业化、科学化和规范化，前提是加强梳理和提炼作为教育者的辅导员工作的技术含量。学生工作无小事，事无巨细，包含了政治、经济、社会、文化、生态等各个方面，均需要辅导员管理，其能力亟待"十八般武艺"样样齐全，而每个辅导员自身能力和精力是有限的，与之不断推高的现实要求存在矛盾。辅导员需要拥有这个行业的专有技术，避免被淹没在繁杂的学生事务当中。大学生的学习心理教育理论可成为辅导员工作的专门理论工具，可谓之"学习学"，是结合了多学科融合的理论，既不是单纯的思想政治教育分支，也不是心理学理论纯粹的"洋为中用"，而是需要辅导员在实践中总结提炼的综合化、外国理论中国化的二次理论。高校学生工作快速变化实际上对辅导员工作的快速反应提出了高要求，包括在理论的厚积薄发、思维和语言之间的瞬间转化、科学研究及成果产业化、陈述性知识和程序性知识双向转化等均提出了极高要求。辅导员研究大学生学习心理，实质上就是在育人实践中使用理论、提炼工作理论，反过来又推动育人实践的进程，需要不断地在教育教学中加工使用并验证学习理论的正确性，可对辅导员工作补充规定，可根据文化和生态的需求改进，甚至对某些教育教学的评价指标重新定义。

第九章

爱情和性教育

　　一般认为，在大学生教育教学中，很难冠冕堂皇地谈爱情。爱情基本上是男女在双方相互交往与了解的基础上，形成彼此爱慕和依恋的情感。谈到爱情这个话题，不少人脑海里就会浮现出一句话来，"问世间情为何物？直教人生死相许"。在熟悉金庸武侠小说《神雕侠侣》的读者对这句话更好理解，比如李莫愁容貌甚美，却心若蛇蝎，江湖中人称"赤练仙子"，因得不到她中意的对象陆展元之情，最终因爱成恨，杀人如麻。其实这句话出自我国金元之际著名的文学家元好问的《摸鱼儿·雁丘词》一词，描述大雁的殉情现象，最初是要作者为生灵的真情所震撼，后被引喻爱情具有可使常人做出不寻常举动的力量。我国的"梁山伯与祝英台"和西方的"罗密欧与朱丽叶"，都是耳熟能详的爱情故事，也是对爱情竟与生死相关的最好诠释。人们对爱情的描述总是"剪不断、理还乱"，用"梅花三弄"来描绘爱情的跌宕起伏、神秘莫测，令人趋之若鹜，欲罢不能。正所谓"梅花一弄断人肠，梅花二弄费思量，梅花三弄风波起，云烟深处水茫茫"描述了人的情绪会因为爱情而翻滚不定的状态。现代人表达爱情趋于直白，无不戳中灵魂深处，说白了就是"思念你是幸福的，却只能在梦中不想醒来，忘掉你是不可能的，有些事情是错的无法控制，只能控制自己，却好想你陪我一生一世。"让人感觉内心是有多么矛盾，痛苦却无法言表。

为了说清楚"爱情"这件事，美国认知心理学家、心理计量学家斯滕伯格通过大量的问卷调查，梳理出了与爱情密切相关的"三要素"：亲密、激情和承诺，构成"爱的三角"。他根据这三种要素对手头上的爱情案例进行了分类研究，总结了喜欢式爱情、迷恋式爱情、空洞式爱情、浪漫式爱情、伴侣式爱情、愚蠢式爱情、完美式爱情等七种类型。从斯滕伯格的理论可见爱情具有相互吸引、情感依恋、与性爱密不可分和排他性等特点。"象牙塔"内的大学生大部分过着"课堂—宿舍—食堂"三点一线的校园生活，或者在运动场、礼堂参加学校、班级组织的活动，还有部分学生也会出现在校外周边的饭馆、影院还有其他娱乐场所等。用斯式理论看大学生的爱情常常是由于两人在学习上、工作上经常接触而产生的，可分类为：生活型、事业型、感情型、轻率型和从众型，无论怎样分类，都是大学生爱情最主要的启动因素。"异地恋"最初也是亲密接触，最后因为只符合"激情"和"承诺"两个元素只能纳入"愚蠢式爱情"。那些上大学之前出现的爱情，在上大学后因两人不在同一个地方少了"亲密"的条件而呈现不稳态，而大部分大学生毕业后因为各奔前程也没有了"亲密"的条件爱情也会立马终止，即所谓的"一毕业就分手"。"激情"得益于"亲密"的条件容易实现，"承诺"恰恰相反，由于未来去向不明确，成为大学生的爱情常常没法没有条件具备的元素，缺了"承诺"的"浪漫式爱情"多以分手结局。在某些人看来，要配齐爱情的"三把钥匙"是很困难的，因而常常在"激情"和"亲密"满足的时候就已经快速陷入爱情，最终输在了"承诺"上。

18—25 岁的大学生是基于埃里克森所提出的成年早期需完成"亲密感"这个人生阶段性任务不能专注于"亲密"，不要有了恋人就没了朋友，也不要为了完成"亲密"任务却忽略了学习任务，要为其他的人际关系的良性发展保留一定的"时间和空间"。为合理处理好"激情"，有一个好的做法，就是经过专项培训，让学生成为同伴性教育的讲师，由学生站在讲师的角度充分阐释激情来的时候需要做好防护，特别需要将避孕套使用的知识普及给同学们。同时，要做好性道德教育，谈谈性病、艾滋病以及怀孕堕胎的一些后遗症和危害，以增强同学们对激情后可能出现的后果加深认知。有的学生正是因为在"激情"的主导下，失去理智，不计一切后果，最终因为爱情而承受了灾难性的毁灭。要充分把与爱情相关的知识都告知大学生们，让他们认识到"完美爱情"需要等待，当爱情还未配齐"三因素"的时候，切勿因一时激情而引发后续难以应付的困境甚至是灾难性的后果。现阶段确实有个别大学生为了完美的爱情付出过巨大的代价，如有个别女生因为怀孕不能同时适应大学的学习而最终选择了退学。在以前大学生还不能结婚的年代，大学生的爱情是"地下式"的，现在"阳光化"了，但也不能无所顾忌。我们看到也听说过有的学生非常重视感情，把爱情几乎看成了生命的全部，当对象不能给予其积极的反应时，就会产生孤独感，认为整个世界都不理解自己，甚至出现自残自杀等现象。还有的学生因现实诱惑，欲望膨胀，为了某种原因而玩弄爱情，刻意操控了"亲密"这个条件达到损人最终也不利己的目的。要告知大学生一定要远离不道德的爱情和性，掌握性道德"六原则"：婚内、自愿、相爱、不给对方造成伤害、不让对方因性生病、男女平等。基于这六大原则，在表达爱情的时候不宜重激情轻承诺，也不能以性试爱，更不能勉强对方用"性"去证明爱。当然，现阶段的爱情和性教育不是换汤不换药的禁欲教育，而是要辩证性地打破世俗对爱情的重重束缚，不以颜值、身高、年龄、经济、地位、票子、房子、车子等这些"旧观念"作为爱情的"敲门砖"。新时代新风尚，勿以爱的名义助长"小农意识"和"小资情怀"，突出大学生爱情具有阶段性和延续性的特点，也要认识到爱情与性是密不可分的，应具有逻辑关系，因此爱的教育与性的教育以及婚姻教育是一个整体，三者不可分割。辅导员要把这个"说不清、道不明"的爱情分析清楚，才能真正有效地指导学生。爱情的教育引导，还可以引入更多、更深的理念，譬如家庭好家风教育，家庭是构成社会的基本单元，婚恋指导到位，形成良好家风不仅对个人事业起促进作用，还对社会稳定、政治通达、文化祥和起巨大推动作用。

一、每个人都有自己的"红楼梦"

梦，是一种生理现象。每个人希望在梦中看到自己想要的，或者看到自己的未来。有时候梦是现实的重现，所谓日有所思夜有所梦，而有时候仿佛是预兆，暗示人们日后可能会发生的事情，特别是把人突然吓醒的梦，难免会使人把生活中可能发生的事情与梦魇拉上关系。我国《周公解梦》就是把梦当成占卜凶吉的工具，可惜臆测成分大于科学成分，难登大雅之堂，还为梦的理解徒增了莫名的神秘感。

在弗洛伊德看来，梦来自前一天的经历，包含着来自精神上的各种疾病，可以通过解析来推测内心的想法，从这个意义上，弗洛伊德对待梦的态度是历史性的具有科学性。他对梦的研究，是对潜意识、意识和压抑的总结，并且认为"很多梦都可以经过分析而找到性的根源"。以他长期的观察，表明了有的梦直接表达了性，而更多的梦是被伪装了的"性"，还有的梦境是被压抑的性欲而出现病态的"性倒错"。可以这么认为，梦与性是密切相关的，性的欲望可以被压抑但不可被轻易否定或忽略。通过对梦解析，可以推测人的内心欲望和想法，这种是科学的方法。因而弗洛伊德的理论被广泛运用于心理学的各种解析，对认知科学和心理生理学的发展发挥了巨大的推动作用。

无论是历史的还是预测的，梦与现实有相似的联系是公认的。有心理学家对这种"似曾相识"冠以"既视感"之名，通过神经生物学研究对人的心理和意识寻找各种线索和依据。

《红楼梦》被誉为我国古代四大名著之一，是一部描写明清时期人情世故的小说，被人们无数次阅读和评析。《红楼梦》的人物故事题材不断被戏剧引用，也被反复拍成多版本电视剧，还吸引了大量爱好者分析研究并成立了"红楼梦学会"。而人们对这部著作的评论无不是用了"激动""惊奇""伟大""不朽"等词语，小说中大量细节被反复考究，从小说的作者是否曹雪芹反复被考证到书中的每一个人物都不断被挖掘原型、被不断讨论和质疑，体现了小说人物无论是主角还是配角，都被现实中的人们高度关注。国内有评价称在古代四大名著中《红楼梦》居首，而西方人不一定这么认为。德国来华新教传教士郭实腊在1842年五月第五期《中国丛报》上发表的《红楼梦》译介文，认为《红楼梦》除了闺阁琐谈几乎空洞无物，就艺术性而言更是乏善可陈，外国人的这些偏见恰恰说明了要读懂此书先要在中国本土具备一定的生活体验。据粗略了解，相当一部分大学生阅读《红楼梦》的热情不高，不仅没有反复阅读，甚至连一次完整的阅读都没有。可见，对于同一本书，不同文化、不同生活历练的人有不同观感，不同时代背景的人也会产生不同的感觉。特别是爱情文化，东西方明显不同，我们困惑的情感细节，在西方看来可能不是个事儿，但都有类似大雁殉情的共同现象，那就是两情相悦的两个人，当受到客观阻力时，当事人都会极度痛苦，如果一方死去，另一方极有可能选择自杀告终。这种越反对越要在一起、"死了都要爱"的爱情现象被西方心理学家定为"罗密欧—朱丽叶反应"。

　　研究红学的人很多，很可能出于以下原因：《红楼梦》成书于200年前的清代，年代并不遥远，小说中的人物大多颜值高，小说情节具有代表性，活灵活现的人物描写吸引了无数读者的眼球。小说把情节走向和人物结局写进了冷子兴演说和宝玉梦里，还有冷不防的各种暗示伏笔中，当中的人情世故和故事情节复杂，人物命运跌宕起伏，神化的写作吸引了无数追真相的"吃瓜群众"。小说中还有各种关于吃的、用的、治病的都堪称"经典"。然而，最重要的一点我认为这部小说几乎云集了所有跟爱情有关的典型元素，拿到当代看也能极致地引起读者强烈共鸣。曹雪芹在小说开篇讲述了写作缘起，谓"依托自己早年在南京亲历了繁华旧梦，后把祖上九死一生创下的家业败光，流落到北京西郊一事无成，回忆过往愧疚不已，对接触过的年轻女性深感愧悔，遂把自己这段经历和悔悟写成小说，意在为那些女性立传"。我认为，曹雪芹确实把所知道的情爱故事写成了小说，小说里的内容情节或许是他亲历的又也许是他亲眼见的，还有可能跟朋友打听的，情形就跟"冷子兴演说荣国府"一般。《红楼梦》把人类原本简单的"两情相悦"的爱情置于各种情景中，把当事人与纷繁复杂的社会地位和背景结合起来，形成了一个又一个悲剧，反映了当时的政治、经济、社会、文化百态。悲剧，就是告知读者最致命的打击是什么。小说描写的每一段情，无论纯粹与否，都以悲剧告终，令读者无不叹为观止，因而产生共鸣，一次又一次地深刻体会"问世间情为何物，直教人生死相许"的意境。

对《红楼梦》里的人物和他们的爱情故事，我有以下感悟。

一是无论男女，地位高低，每个人都有自己的"红楼梦"，都有可能遇到小说当中所描述的众多爱情当中的其中一些。比如宝黛的"玉石前盟"是两情相悦、唯美的爱情，却因为处于"门当户对"和"包办婚姻"为主流的封建社会而告终。纵然宝玉有多么叛逆，他也无法与封建的婚姻制度相抗衡，更何况宝黛是姑表关系，血缘方面过于近亲的事实确实难以成全这段爱情；又比如"双宝"的"金玉良缘"，无论是在当时还是在当下，二者结合都是完美的，唯独缺少了刻骨铭心的爱情，两人终将悲剧收场。尽管如此，遑论以往，当下依然有更多的人愿意结成"金玉良缘"而非"玉石之盟"。

　　二是无论男女，都要树立正确的、积极的爱情观。不迷信缘分，不轻易把短暂生命全部投入于爱，避免情爱失当而成为事业发展的绊脚石、致命伤。有条件有资源就应多做社会贡献，关心职业生涯，多关注国家大事。若终日陷在情感的泥沼，硬会把聪明才智、人财物力都耗尽在复杂的人情世故之中。网络信息极速发达的今天，文体艺人、网络红人的情事均极具公众影响力，个人隐私可以因其公众身份一夜曝光，青年学生还应注意昔日"红楼"的警示，接受各种渠道教育。好一些掌握钱权资源却不受父母约束的年轻人，切忌养尊处优，控制极尽所欲的性开放，不让颜值当道、追捧偶像、娱乐至死成为主流，守住全社会崇尚"高上美"的文化氛围。

　　三是无论男女，若没有长远的生涯规划设计和远大的理想追求，就容易被爱所累。在这个意义上，《红楼梦》是一本"悲剧大全"。小说显然重墨于金陵十三钗，书名曾一度冠以《金陵十三钗》之名，表面写一群女子，美其名曰"供读者把玩"，一方面提醒女性独立自强，一方面实则烘托出各种男性角色为小说另一主线。大多男子的结局都令人唏嘘，比如贾宝玉家财万贯，是一个人见人爱却令人爱恨交加的男子，个性叛逆，与社会格格不入，终得不到真爱；比如贾瑞，他的爱情显得极不合时宜，恋上年龄、地位和见识等各方面都与其不相称的王熙凤，年龄方面的男小女大难被世俗社会容忍，其结局也是悲剧收场。小说当中，尽管王熙凤想方设法摆脱贾瑞的手段理由充分，却被读者诟病过于阴毒险恶。其实这并不是贾瑞死亡的主要原因，换作别人又能有怎样的好办法，假设两人暧昧不清，最终结局可能更加糟糕不堪。又比如柳湘莲，相貌极美的男子，喜欢客串风月戏，遭薛蟠轻薄却还能机智勇武地与他打了一架，没想到他还能不计前嫌路见不平出手相助于薛蟠，后来为了找一个倾心的爱人而"悔婚索剑"，直接导致尤三姐自杀，最后他看破红尘出家，虽同为悲剧，这个角色却被世人欣赏多于诟病，只恨一个重情重义的人非要等爱人死去才懂爱，这些反差其实是极大地讽刺了当时世家子弟的处事草率，甚至为爱付出如此沉痛代价。其他还有贾赦、贾珍、贾琏、贾雨村、薛蟠等，虽有钱有势，但缺乏阳光个性，有的好色惹事，有的是游手好闲富二代。掌握这么多资源，最后都散尽家财、败光家产，只会令人痛惜。小说当中的对权威角色描述：贾政儒性不会管事、贾敬好道不管事，说明在当时的制度下大都难有职业规划，不知自己是谁，从哪儿来，当然也不知要到哪里去。纵有爱心善心良心耐心，没有做事业的心也白费，更遑论于家于国做贡献。警醒出生于盛世的男人，应多练就阳刚正气，多谋正事。

二、爱情观的形成与性教育的内在逻辑

心理学家埃里克森指出，大学这个阶段要解决好"亲密的任务"，这个阶段的任务解决好了，才能在整个人生中少一些遗憾。爱情和性都是人类的需要，必须放在一起解读，若谈得透、讲得妥当，学生就可得到及时的帮助，就可以避免出现意想不到的状况。比如通过斯滕伯格的"爱情三要素"理论，分析"亲密、承诺和激情"对两性形成爱情的重要作用，若缺少其中一项，爱情持续性就会不

足，这就可以解释为何爱情会在大学象牙塔内高频发生，而毕业时则常常以分手告终。"爱情三要素"并未提示爱情直接与颜值、年龄、权力、家境、地位和金钱等有密切关系，这也可以解释时下那些年龄差异大的爱情，同时也可以鼓励年轻朋友们在谈恋爱的时候不要刻意追求对方的颜值、金钱、权力、地位和家境等，可能这些可以换得来一些亲密、承诺和激情，但能否长久留得住，还需要尊重现实情况。过于刻意追求往往得到的很可能不是爱情。应当特别慎重对待同性恋的问题，这种恋爱取向并不是主流，一些传染病数据与"男同"存在高度相关性，但极端公开反对很可能使一些潜在性取向异常的学生更加隐秘并且备受压抑，产生痛苦的情绪。更值得一提的是不能绕开"性教育"这个话题，爱情当中"激情和亲密"会随时促动"性"的发生，若在不道德、不恰当时机、不卫生的情况下发生性行为，引致的后果将会很严重。比如婚外怀孕、因孕退学、计划外怀孕、性受伤、性病等，如果处理不当，就会带来一连串更严重的后果。所以一方面要讲清楚性道德的"六原则"，即"婚内、相爱为基础、双方自愿、男女平等、不给对方造成伤害、卫生"，另一方面还要具体讲解避孕方法、避孕套的使用，讲明性过程中其他注意事项和后果，比如堕胎、艾滋病的后果等等。

三、辅导员引导大学生爱情和性的策略

辅导员引导大学生讨论爱情这个话题是存在很高难度的，特别是辅导员队伍年轻化，有的辅导员老师还不曾步入婚姻，对爱情问题往往是难以启齿或者一笔带过。但是作为辅导员，就要有站得高

看得远的使命感，要责无旁贷地关心大学生的方方面面包括爱情，不能因为害怕被卷入其中而远离他们，但也不是直接去帮助解决大学生爱情的实际困难，而是应当有策略地疏导因爱情产生的情绪问题。

尽管"爱情无解"，辅导员在和学生谈论爱情和性的时候要注意，不能顾此失彼，也不能晦涩难懂，可以通过专题授课的方式清晰完整地表明自己的态度。比如可以通过"罗密欧—朱丽叶"和"梁山伯—祝英台"的爱情故事描述中西方文化对爱情的向往有着相似的情愫和冲动激情，但现实中不能效仿。但也从中看到，外国人对爱情的表达更直接强烈，而中国人表达爱情往往是寓意和含蓄，如同幻化的翩翩起舞的两只蝴蝶缠缠绵绵到天边！性教育方面可以采用"同伴教育"的方式，即培训学生讲师，根据教学目标，制作课件和教案，教学后老师点评。点评以肯定讲解为主，强调性爱原则先行，考虑性后的各种后顾之忧。近年来采取这种模式教学取得了较好的心理健康教育效果，学生讲师们的能力不仅被充分激发出来，还在综合素质方面得到很大的提升，还参加省市级的授课比赛获奖。

爱情是人类最复杂的情感之一，既微妙又多变。斯滕伯格在研究个案的爱情故事时，把爱情故事分成 25 类故事模型，每种模型描述各种背景的两个人对同一段爱情故事的不同心理活动，在他看来，"爱情就是一个个故事"。古今中外很多经典名著也描述了各式各样的爱情故事，如《红楼梦》，曹雪芹在小说中描述了千丝万缕交织在"大观园"中的各种爱情悲剧故事，书中对金陵十二钗刻画得活灵活现，是描绘女性形象的大全。又如国外经典小说《浮士德》，堪称德国最伟大的文学作品之一，却以另一种全面的方式诠释了人经历爱情的多种可能性。这部作品用歌剧形式描述了主人翁浮士德尽管不断有魔鬼从旁怂恿，但他自强不息的一生，描述了他与少女玛甘泪、有夫之妇葛丽馨、希腊美女海伦的悲剧爱情故事，以及最终战胜魔鬼，全身心投入政治，却无奈已到生命的尽头，最后升入天堂。歌德用 60 年完成此书，最后自评耐人寻味："世间无常事，无非一譬喻；但凡有缺陷，于此成事件；不可描摹者，业已在此完成；永恒的女性，引导我们上升。"学界对自评中"永恒的女性"争议最大，一是指圣母玛利亚，二指爱人，三复杂的理论探讨，有说"喻指自强不息的精神"等。但无可否认，在小说人物浮士德的一生中，女性和爱情对其影响之大，占据的分量绝不一般。

爱情悲剧故事确实令人痛苦纠结，作为读者，旁观者，社会学习者，不只会在悲剧中流泪，而往往发散思维去思考，找到可以摆脱令人"窒息"的突破点。虽然人的生命不可重来，但小说人物却可以多种演绎，有一种阅读方法叫"倒读"，若把《浮士德》和《红楼梦》的人物按时间倒序来读，就会读出喜感，就会看到：涉世未深的年轻人，假设先在政治上投入青春和作为，在事业上有了一定根基才考虑既合乎两相情悦又合乎风俗人情的婚恋，以及在婚后出现的所有爱恋中，男女当事人都自觉地保持距离，这样的故事结局往往才是最为大众喜闻乐见和接受的，同时你会惊讶地发现原来小说家是多么用心良苦。

经典小说里的爱情故事总是虚构的，往往是小说家作者集自身所见之极端典型而加于小说人物一身，读者不要沉沦在这些悲剧故事中，特别不能代入故事中的人物角色，勿相信某种"夙命"，而应提升主体意识超脱故事情节。新时代是男女平等的时代，辅导员在爱情教育的这个专题上，除了强调避免不纯粹的爱和违反道德的性外，还应强调男女平等，还可以上升到更高层次，比如引导女性自立自强，用"女性撑起半边天"的宏大理想去影响每一位女性。教育除了假设，还可以真实，通过真实人物去正面教育引导，如南丁格尔的故事，她出身豪门却终身托付于护理事业，因为她的努力，克罗米亚战斗中将士伤亡率从 40% 降到 5%；又如德兰修女，获得诺贝尔和平奖的她从 12 岁开始到 87 岁逝世，始终专注于慈善事业，她把一切都献给了穷人、病人、孤儿、孤独者、无家可归者和垂死临终者。她说"你今天做的善事，人们往往明天就会忘记，不管怎样，你还是要做善事"；再如，两获诺贝尔奖得主居里夫人，成功发现了放射性物质，还有我国首位诺贝尔获奖者屠呦呦，成功发现了青蒿素，亲身投入临床试验最终找到了疟疾特效药。她们的故事可以启发新时代的女性完全可以在政治上涉足，完全可以有自己的事业，可以演绎与传统文化背景下的女性迥然不同的人生。

第十章

情感认同与行为习惯

　　相较于爱情教育，情感教育是一门更有利于学生健全人格形成的大学问。一个人的情感能否渗透到各个方面，直接表现为个人品格和行事风格，间接影响着个人对事物的态度、作风，最终影响了办事效率、社会风尚、家国奋起，甚至民族复兴等。在情感渗透之前是情感认同，情感认同与行为习惯总是结伴而行。在思想政治教育中，就是要"把社会主义核心价值观融入社会发展各方面，转化为人们的情感认同和行为习惯"①。情感认同与行为习惯的关系包括两方面：一是人在成长过程中对他人和事物的认同所形成的某种情感引导出某种行为习惯符合社会需求，二是个人一贯以来所形成的某些行为习惯所表达出他对人和事物的某种情感得到他人的认同。情感表达是深刻的、稳定的，比如爱国情感、集体情感、文化情感、职业情感、父母和子女之间的血缘情感、祖孙的代际情感等。心理学表明，情感是与人的特定的主观愿望和需要相联系的具有社会意

---

　　① 习近平. 决胜全面建成小康社会夺取新时代中国特色社会主义伟大胜利：在中国共产党第十九次全国代表大会上的报告［M］. 北京：人民出版社，2017：42.

义的感情。情感是在特定的情景中通过情绪表达出来的。情绪表达包括面部表情、肢体姿势和语言语调等，瞬间的、暂时的情绪表达是无意识的，往往却是最真实的内心反映，而个体一旦意识后，可马上调整情绪表达。因此，情绪与情感是密切联系的，但并非一回事。社会主义核心价值观的具体要求就是 24 字方针：富强、民主、文明、和谐、自由、平等、公正、法治、爱国、敬业、诚信、友善。其中，"爱国、敬业、诚信、友善"是个人层面的具体要求，可把大学生在这些方面的不足作为思想政治教育的切入点，通过提升法治意识切入加强大学生对社会层面价值观的认同，通过对国家大政方针的贯彻落实使其养成爱国情怀，培养敬业、诚信、友善的良好行为习惯，每个"小我"的样子就是国家的"大我"的样子，每一个人都是富强民主文明和谐的国家中的其中一。

一、多门派情绪情感的学术研究及其现实意义

情绪产生的原因很多。缘于当今国内外风云变幻局势、网络信息爆炸、社会需求日益增加、复杂工作任务接踵而来，人们欲望日益膨胀，这些都促使了情绪多样化的产生。有的人在精神上出现障碍并因此"生病"。国内医学界以国际通用的精神障碍的国际疾病分类标准（ICD - 10）和美国精神障碍诊断和统计手册（DSM - Ⅳ）为诊断标准进行临床诊断和流行病学研究，2006 年广州市调查获得各类精神疾病总时点患病率为 4.331%；2010 年北京市抽样调查各类精神障碍的 12 个月患病率为 6.69%。这些精神疾病有的是因为有癫痫、甲亢等基础疾病，有的是因为酒精、药物、外伤等引起的精

神心理障碍，还有的是适应性的、一过性的抑郁症、焦虑症、强迫症等情感障碍。这些病性的精神心理问题需要转介到心理咨询中心、医院心理诊断科或者精神专科医院就诊，需要家人的充分配合、早日专业干预才可以对精神心理障碍或精神疾病及早控制，否则患者病情不可逆。还有一个比较棘手的问题是大学里相关的精神障碍筛查机制目前还没有十分科学地建立起来，精神病的识别率非常低，最常见的诊断错误是把情感性精神障碍诊断成精神分裂症或分裂情感性精神病，这也是全球普遍存在的一个问题。政府和社区卫生一线人员正在努力完善相关筛查机制。学校应加强与专科医院、社区等形成专业上的联合，可以有效控制大学生当中情感性的自残、自杀或攻击他人等不可逆、不可控的现象。精神疾病还往往表现为与"情感性自杀"相对的"理智性自杀"。英美心理学家麦独孤认为，以往心理学的研究过分重视"知"即自知力而忽视"情"和"意"。20世纪50年代后期兴起的认知心理学亦有理智主义倾向，理智性自杀者即"经长时间的自我评价和体验，逐渐萌发自杀意向，并有目的、有计划、有步骤地实施自杀。"①

校园里最常发生的情绪仍然是焦虑、抑郁、抱怨、愤怒、恐惧、悲伤、痛苦等短暂现象，喜悦也会有，但似乎在减少，甚至遇到喜庆的节日也有人高兴不起来。大学校园里每天都有新动向，而出现抑郁情绪的学生在逐年增加，"今天比较烦"成了"口头禅"，还有人提倡"佛系"人格，不出家却成"佛"。还有学生给人的总体印象是缺乏自信、做事激情不足、行动不够彻底、学习不够刻苦、总

---

① 林崇德. 心理学大辞典［M］. 上海：上海教育出版社，2003.

想得而不予、不善倾听不够谦虚、容易情绪化、容易悲观，平静的表情下面波澜壮阔。大学生群体出现了"佛系"人生观，即"皈依我佛、看淡一切、不动怒、不吵架，LOVE&PEACE"，随之派生出佛系追星、佛系购物、佛系工作、佛系恋爱、佛系化妆等等"佛系＋"表现。一副生无可恋、四大皆空的状态，貌似心淡如水、随缘遂命的平静，实则内心无声的抗争。若年轻人在纷繁的花花世界中抓不住事物的主要矛盾，就会感觉"上帝忙不过来"的样子，这些是后现代主义"二次元"的表现。后现代"一次元"的表现是"80后""新新人类"那代人，表现为张扬个性却"上帝已死"，被诟病责任心不强、办事成事能力不足。人们对"90后"二次元的佛系态度褒贬不一，有人赞同，认为这是一种有想法却不添乱的、不焦躁的平衡心态，有人则批评这实质是懒，是面对现实过于被动，少欲寡求无利于社会进步。"佛性"其实是一些社会性的情绪，压抑了对事物欲望不可得的应激反应。再来盘点一下大学生还存在着哪些工作、学习、生活方面的种种情绪，这些情绪使大学生在作风、人品和个性上受到争议。比如工作方面重形式轻内涵、拈轻怕重、功利主义；学业方面学习动机不强、课堂注意力不集中、钻研劲头不足、学习方法单一、意志力不强、怕吃苦、爱抄袭、考前焦虑、考试作弊、考后挂科；生活方面常常网购和外卖、宿舍脏乱差。个性方面表现衣着奔放、颜值第一、攀比虚荣、办事拖拉、喜欢熬夜、好宅爱装，男生爱玩游戏、女生爱化妆；感情方面"外貌协会"、闪合闪分、跟风猎奇、缠绵爱秀、旁若无人、翻云覆雨、情变脆弱、忽晴忽雨；作风方面表现书生意气、真诚不足、学术态度时有不端、责任心不强、敷衍、歧视、迷信、喜功、忘恩；就业方面专注考研考证、依赖靠山、规划不远、开拓创新不强、乐于啃老、沟通能力弱、眼高手低、不如意就辞职等等。实质上，以上这些都是大学生常见的各种情绪问题。

还有一类情绪不易察觉。大学生在社会中是知识水平较高的群体，发生的点点滴滴不良表现会被社会重视和放大，使高校不安现象频现。有些大学生自尊心极强，会对自己当下的各种表现合理化，"对乐意的事情理由千万条"，对别人的责备就认为"三观不合"，凡事就喜欢"我就是那样了"的情绪，暗地里却鼓励自己继续坚持。还有一些取得荣誉的学生，给他人完美的印象，一时半会儿说不出问题来，但其本人过于沾沾自喜、自视过高、忘掉别人曾经帮忙。有的大学生只乐意听别人好评，听不进半点善意的批评，屡屡错失纠误纠偏的机会。大学阶段，本来就需要不断完善人格，如果长期拒绝良好的引导，极有可能错过认识真实自己的机会，完成不好这个阶段的自我同一性"人生任务"，现实情绪没有管理好，留到毕业以后就会继续影响心理健康、素质人格的完整塑造和良性发展。

一些客观突发事件会引起大学生害怕的情绪，处理不当也会影响大学生的心理健康。比如贫穷、疾病、丧失，包括家庭成员，还有一些是"继发"的失去，比如失败的演讲、表演和社交等。美国心理学家对三千人做过一次心理测验：你最害怕的是什么？结果是：在大庭广众前讲话是第一位，死亡排在第二位。实际上，令人恐惧的事情还不少，比如科研失败、未顺利毕业、不安于薪酬现状辞职、辉煌后落败等等。近年来我党加大反腐力度查处学术腐败、高级别官员贪腐、艺员偷税漏税等事件，对当事人而言无疑是"乐极生悲"的事情，同时偷税漏税税额之大也激发了社会的不安情绪。还有一些脾气暴躁的人来情绪了可造成严重后果，如"路怒族""驾怒症""虎爸虎妈"等，这是极端发泄情绪的不文明表现。达尔文说："脾气暴躁是人类较为卑劣的天性之一，人要是发脾气就等于在人类进步的阶梯上倒退了一大步。"个人和社会的情绪理性表达，亟待社会理性素质的养成。

情绪，是指人的喜、怒、哀、乐、忧、愤、憎等表达，是由独特的主观体验、外部表现和生理唤醒三部分组成。在情绪的理性特点、功能和意义的认识上，已有多门派学术研究成果。

一是解析情绪。情绪通常是人不理智的表达，弗洛伊德无意识理论能很好地解析情绪的非理智特性以及向理智转化的可能。他在50多年时间里，八次修改出版了《梦的解析》，描述了大量个案的梦境向读者表达他对梦的理解，"梦实质上是意义的集合体，是可以为情绪的过程代言的实在物"。他研究梦的方式是联结法，以出现在梦里的各种景象和物品，追根溯源还原现实中的各种情绪，然后整合在一起解析人的情绪和思想。认为情绪是通过"梦体现出一定的联系和逻辑，但又不那么容易被意识所消化"，"想要什么就梦什么"。按他说的理解，并非所有这些欲望都那么直白地呈现在梦境中，很多时候是无意识的线索，使得人在意识上分辨不清到底梦到的是什么意思。所以"梦具有满足欲望的功能"，而这些欲望，在弗洛伊德看来无他，就是性欲，而情绪就是"性本能"被压抑的产物。大学生也有一定的情感经历，也有可能处于情感的混沌状态。在我的一些咨询个案中，有人承认失恋是非常令人可怕和受伤的事情，三年走不出来阴影；有人因此严重失眠，好几个月睡不着觉；有人出现了精神分裂症，幸亏发现得早，治疗后才得以继续学业；还有人失恋后变得博爱，仿佛上一段情是对下一段爱的启发，愈挫愈勇的样子。爱情是两个人的事情，你好我好皆大欢喜的情况总会有的，但更多的时候却是各种原因导致的一方潇洒，另一方陷入无尽的伤感，更糟糕的情况是双方都因为现实原因导致了伤感。压抑着伤感不表达出来，或者没有人从旁疏导，伤感的情绪就越团越大，最后像台风一样爆发出来席卷了自己和他人。折射、升华、移情等理论无疑给失恋者开出了可操作性的、理智的药方。

二是情绪的生发机理。詹姆斯—兰格学说是美国心理学家詹姆斯和丹麦心理学家兰格于1884年和1885年相继提出相同观点的情绪理论，称情绪是对身体变化的知觉，意思是先有身体的变化而后引起情绪。詹姆斯的逻辑是，悲伤是因为哭泣引起的，愤怒是因为打斗所致，恐惧是因为战栗而来，高兴是因为发笑而乐。兰格则探索出，饮酒和药物引起自主神经系统紧张—血管扩张—愉快的情绪，其他刺激物引起自主神经系统减弱—血管收缩—恐惧的情绪，所以血管的宽度和容量是导致激情的原因。另两位心理学家坎农和巴德反对这些理论把情绪的控制点放在外周神经上，指出应该是中枢神经在控制情绪，提出"坎农—巴德情绪学说"，认为情绪产生过程是：外界刺激传至中枢丘脑，然后上传到大脑产生体验的感觉，同时下传到交感神经引起应激状态，比如血压增高、心跳加速、瞳孔放大、内分泌增加、肌肉紧张等，大脑根据经验进一步发放"指令"

下传到交感神经解除紧张还是进一步紧张，如果进一步紧张，就会继续传到丘脑和中枢升级应激反应。认知学派则把目光聚焦在了"评判"上，阿诺德的"评定—兴奋说"认为刺激传到大脑后进行"有利""有害"或"无关"分析，大脑皮层会相应出现肯定的"兴奋"否定的"兴奋"或忽略"不兴奋"，进而下达相应的指令到血管或内脏。沙赫特和辛格则用实验验证了情绪的两个必需的因素，那就是"生理唤醒"和"认知唤醒"，把前面各有偏颇的学说统一了起来，并且强调了认知因素，提出了环境氛围的重要性。学习"情绪生发机制"的意义在于，通过加深对情绪的认识，找出缓解情绪或者调节情绪的办法，首先辅导员要同理学生因身体方面的不适出现的情绪，然后做纠正认知，这是辅导员用得最多的办法。思想政治教育的说服教育运用的心理机制也是从认知着手，但具体与心理咨询的认知疗法不同。辅导员通过交谈，教育者就是要目的明确地解决教育对象对实际事物的认知，特别是对环境和形势的分析判断。具体做法首先试图把引起个体紧张的刺激物去除，如果不可能去除，比如某些突发情景和突发事实，则可以试图帮助个体做"忽略"的评判，从而平复情绪。然而，经过尝试发现认知无法在短时间内得到纠正，就要关注个体情绪的强烈程度，观察呼吸、血压等变化，通常依据脸色变化判断血压增高、心跳加速、瞳孔放大、内分泌增加、肌肉紧张的程度等情况，考虑使用"呼吸法""捏拳放松法"。如果"喜乐""悲伤""忧虑""恐惧"或"愤怒"的反应过于强烈，均应考虑转介到医院专科，且不排除使用镇定药物，避免乐极生悲或可能出现的自我攻击和攻击他人的行为。

　　国内外研究情绪调节的历史都还不长。如何普及"忽略的认知"？格罗斯等人发现忽略可以比较有效地降低厌恶感，还发现抑制快乐的表情可以降低快乐感受等。如何扭转"否定"的认知判断？同时使"肯定"的认知，也需要同时关注持续存在。如斯滕伯格所说的爱情三因素，激情是其中一个主要因素，姑且勿论这段爱情是否恰当，一旦激情被激发出来，人就会出现心跳加速、手心冒汗、呼吸短促瞳孔放大等生理现象，还会出现"意识狭窄"的现象即失去理智从而无法控制不对的行为。"亲密"和"承诺"是爱情的另外两个因素，在人际关系复杂、男女交往频繁的当今社会中，爱情生发的条件多种多样，多元化现象也难以通过简单的道德说教一番就可避免，就算有一纸婚书也无法捆绑变质的爱情，"压抑不表达"的方法无异于隔靴搔痒，有时候越回避越割舍不掉。"不表达情绪"往往是权宜之计，有研究表明"不表达情绪"会增加得癌的概率。但一味表达也很糟糕，明知道一段爱情可能会带来很大的伤害，像曹雪芹笔下的贾瑞最后死于"风月宝鉴"，警惕大学生也存在因失恋抑郁而影响学业的可能。此外，还可以普及一些我国修改后的婚姻法，更加详细地规范了离婚夫妻的财产分割和子女抚养的问题，可间接地遏制婚外情。另外，可以考虑把"爱情"当成情绪一样来调节和疏导，尝试从呼吸、移情、升华为主的"减爱策略"。情绪调节的工作技能大家都还在摸索当中，心理疏导的技术和水平还需进一步提高。

　　三是"切割"情绪。情绪是极其复杂的心理现象。为了弄清楚情绪是什么，具有实验思维的心理学家冯特提出"三维"理论，把情绪按愉快—不愉快、激动—平静、紧张—松弛三个维度进行"切割",使情绪矢量化,有层次感和方向感,有大小可测量。后来陆续出现了其他好几种"切割"法。20世纪后期,詹姆斯·罗素(1980年)把情绪看得更清楚了,只把情绪分两个维度:愉快度和强度,这与阿诺德的"评定—兴奋"认知可以结合起来,脑神经成像可以提供证据,可直观显示脑中枢的"积极与消极"的激活程度与变化,人类对抑郁症状的认识会进一步加深,终将找到更精准的办法治疗精神疾病和心理障碍。

百多年来心理学对情绪认知变化的"一小步",是人类对精神认知的一大步。思想政治教育可受此启发,通过精简维度和充实内涵,使辅导员对问题学生的疏导教育更有把握。

二、情感短板宜"疏"不宜"堵"

短板理论是管理学中的一个重要理论,其含义是指木桶盛水的量取决于桶壁上最短的那个木块而非最长的那块。如果一个人的情感成为短板,一方面对人的总体情况,包括对学习、工作和生活都会产生消极影响,所以个人情感短板会造成个人成长受限;另一方面,是把个人置于团队管理中考虑,处于团队中的每个人充当着不同角色,如果每个人都存在"情感短板",就会不同程度地制约着团队的发展。个人的情感短板并非是团队的致命漏洞,因为一个人可能会待在多个不同的团队里担任不同的角色,同样一块板对不同的"木桶"的影响也不同,而且一个人除了情感短板还有其他短板,而且情感短板非稳态,可塑性极强,个人情绪易受到团队氛围影响。

因此，团队的整体实力还与整体氛围有关，良好的氛围有助于稀释成员短板，团队中的成员在情感不足时可自我修复和自我控制。针对情感短板可能带来的漏洞，团队不宜只"堵"不疏，而是要建立相应的"亡羊补牢"的风险管理制度，对潜在的风险进行系统评估、分析和预测，确保团队每一位成员形成对团队的情感维系和情感依靠，筑牢团队根基，同时，判断这块短板是否处于团队的关键部位，对其适当修补从而避免漏洞继续存在带来连锁反应，如"千里之堤溃于蚁穴"。就像地震中不坍塌的楼宇一样，情感短板也是可以被克服的，用上一些辅助的技术，也可使个体不足带来的影响很可能在团队中被"稀释"。比如某个体处于多个团队的时候，有可能因为时间安排不合理才在其中一个团队中产生情绪短板，只要对安排做出调整，就能避开情感短板，特别关注是否处于"关键重要部位，如果不是也不急于马上去"堵"。遇到协调不过来的，比如某个体明显需要鼓励，那就应该激发他更强的斗志和意志力，"堵"就更不合适了。例如一个追求面面俱到的大学生，既要实习，又要考研，还想完成手头上的科研，如果意志力不够，不冷静沉着，就会容易发脾气，最后若在关键环节失误就有可能导致一事无成。辅导员要先帮助他理清思绪，找到"关键点"，遵守校规是关键点之一，完成实习是另一关键点，确保毕业才能取得学位才能升学读研，然后才可在相对宽裕的时间里用课余时间完成科研，最后到考研冲刺的阶段，就把重心再转移至考研复习上来。就像"叠叠高，抽木条"的游戏，高校总是有关键的抓手来加强学生考研前夕的实习管理，辅导员要充分配合好学校开展工作，这样不仅可帮助学生既遵守校规校纪，又满足学生成长成才的具体要求。所以在管理制度中要突出学校对每一位学生的人文关怀，从大环境人文氛围着手为个体情绪调适成为有效的"关键抓手"，创造必不可少的前提条件免除学生的后顾之忧。其次就是对个体情绪进行刚柔并济的可操作性疏导，一是鼓励其在多个团队中扮演不同的角色，在实践锻炼中寻求角色认同，最终达到"自我同一性"。有了角色认同，才能自我角色定位，明确了角色定位，才能明确使命，只有使命感不断增强，才能有意志力的不断增强，才能表现出积极努力。所谓"越努力就越幸运"，随着"实力＋运气"不断增强，成功就越来越近了，自我效能感也就不断提升，反过来又不断促进个体自觉地进行情绪的良性疏导，使情绪疏导不断达到理想的状态。二是始终坚持严要求高标准，明确校规和政策的相关规定，要求学生主次分明地参与相关的教育教学活动。遵守校规是要怀着敬畏的心情去执行的，而不是嘴上说说，要通过一些行之有效的考勤制度去落实，在确保团队人员到位的基础上，大力营造民主集中、文明和谐的团队氛围，既要保护个体的自由平等，更要维护团队的公正法治，还可充分运用网络里的社交沟通平台，实现线上线下"同心圆"，快速有效地贯彻团队意图，同时也建立起监管系统，监督每一位成员以团队利益为核心达成共识。三是情绪管理团队化，团队要对其中的个体出现情绪快速应对和安抚，一方面把个人情绪看成工作中潜在不足的风向标，一方面辅导员可操作性地建立起学生情绪的条件反射，比如从"发怒—害怕"训练成"平静告知—害怕"的动力定型，善用平和语言，擅于合理归因。美国心理学家维纳把成功归因于个体内部的能力和努力、把失败归因于外部的任务难度和内部的个人运气。因为大学生自尊心极强极易激惹，又乐于把自己的各种表现进行"合理化"，哪怕某种行为或态度已极为不妥，也要归因于别人的失误，比如价值观不同，喜欢用"天生我才必有用"的看似合理的归因法以及"我习惯就是那样"来敷衍了事，这样是为了暗示自己并没有做错。荣誉感强的大学生也特别容易表现出沾沾自喜，不太乐意听别人的不好评价，听不进任何善意的批评，辅导员就可以提醒大学生合理归因，"相同的失误不要出现第二次"，勿错过纠正谬误的机会。个体在18到25岁的阶段本来就需要不断完善人格，如果没有把握好这段时期的锻炼，人格就会缺乏完整塑造，既让个体缺失成长的遗憾，又终究会影响了团队的良性发展。

"靶式治本"是人们对问题解决的普遍要求。然而情绪问题层出不穷，"苟日新、日日新、又日新"，旧有问题尚未解决而新问题又至，若对快速掠过的"靶式"目标逮不住，则易标本不治，从而陷入狼狈局面。面对纷繁复杂的学生事务，辅导员置身其中也只能"逮住一个是一个""头痛医头、脚痛医脚"，所以这个职业被长期标识为"救火队员""万金油"等。实际上，思想政治教育在革命和建设中向来是我党的制胜法宝，即"你打我通""立竿见影"，对问题的主要矛盾实施"针灸式"的解决方法，对如何"进针""出针"，入针后是"补"是"泻"得心应手。这两种局面形成强烈对比，提示了新时代高校思想政治教育工作的日益复杂性，亟待规范的技术路线，改变一些"程式化"的工作模式，通过规范流程把一些灵活的工作技能比如心理疏导技能充分运用于思想政治教育当中。

辅导员可以通过谈心谈话的方式，加强引导学生在问题当中的自我认知，特别是"入党申请谈话""入党前上级党组织派人谈话""新生心理谈话"等，都是正儿八经的正式谈话。要帮助学生尽可能在这些谈话中全面认知自己，辅导员要及时帮助他完善和提高，鼓励塑造积极个性、锻炼能力、完善人格，可以运用一些心理调适的技巧，比如现场指导学生体验呼吸放松运动，由此来实现自我暗示；日常指导学生参加体育竞技实现情绪的宣泄和转移；在寒暑假中指导社会实践活动，使大学生增进才干，升华经验，在解决问题的过程中反复进行抗挫教育和训练。

三、大学生的情感认同与行为习惯是自觉价值观的产物

心理学研究认为，"情感是同人的社会性需要相联系的主观体验，是人类所特有的心理现象之一，人类高级的社会性情感主要有道德感、理智感和美感。"邓小平提出我党的教育方针是培养"有理想、有道德、有文化、有纪律"的德智体美全面发展的社会主义公民，习近平进一步号召全国教师做"有理想信念、有道德情操、有扎实学识、有仁爱之心"的好教师。大学立德树人，首先是教师有师德、大学生有道德、大学教育有规律可循，终究是引导大学生形成社会性情感。行为规范是作为一个公民的基本要求，每个人自觉不逾越规范底线是建设文明和谐社会的基本要求。"理智感"是基于社会主义核心价值观的"爱国敬业诚信友善"的个人价值观之上的一种自觉文化，处事理智是作为一个有知识、有文化人的一贯行为，是一种习惯。而"美感"就是要尚道唯美，追求先进上进的理念，

是长时间训练才形成有高觉悟的言行举止，培养美感与"教而不教"的教育价值理念紧密联系在一起。人对美好生活的需求日益增长，若观念和制度跟不上行为变化的步伐，良莠不齐的欲望需求则得不到制约而不断膨胀，生活没有秩序终究不见得美好。因此，个人自觉，先进理念先行，引导行为、观念、制度不断更新完善，为何以能"决胜全面建成小康社会"，实现"两个一百年""中华民族伟大复兴"做出响亮的回答。我国改革开放40年来已形成"道路自信、制度自信、理论自信和文化自信"，其中文化自信是基础，大学就是要形成"文化自信"的氛围，把社会主义核心价值观融入大学生的情感认同与行为习惯，培育出具有"自觉价值观"的人才来。

自觉价值观下的情感认同与行为习惯，首先是立德，5000多年中华民族优秀传统文化历来重视立德。《左传·襄公二十四年》："大上有立德，其次有立功，其次有立言，虽久不废，此之谓不朽"，立德比建功立业和建言立说更重要。德国哲学家康德强调道德是"先验"，称"这个世界两样东西让我们的心灵感到深深的震撼，一是我们头上灿烂的星空，一是我们内心崇高的道德法则"。可见，人们都把"德"放在至高无上的地位，以及需要个人的自慎自觉。

当前，高校师德正在受到严峻挑战，15年前发的《教育部关于进一步加强和改进师德建设的意见》就曾提出遏止和杜绝高校教师失德现象，列举了个别高校教师理想信念模糊，育人意识淡薄，教学敷衍，学风浮躁不端，言行失范，道德败坏等现象，个别教师因治学态度不严谨受到严厉的批评和处分，学术研究数据造假被开除。有的老师在面临"两难"现象的时候没有发挥好导向作用，如奖助贷分配和评优选拔时需求与名额不一致时向利益倾倒，这些现象一方面与当事人面对的任务复杂难度高有关，一方面也与教师本身的处事能力不强有关。处事水平一方面与自身知识储备有关，一方面与师德态度有关。要做好方方面面的工作，无不需要坚强的师德力量作为坚强后盾。然而自己拥有满一桶水还不行，还要有一潭水确保"源源不断"地供水，教师要引导学生，做学生的榜样。"导"是引领和启发的意思，以德导人，就是老师以德之魅力引领和启发学生，有效引导首先应遵从规律。《意见》明确大学应积极探索师德建设的特点和规律，不断提升师德建设科学化水平。老子的《道德经》说"先道而后有德，先德而后有仁，先仁而后有义，先义而后有礼"，意思是首先遵循事物规律，才能得到仁慈的、正义的、有礼节的结果，事物遵从规律的发展会达到阶段性的美好状态。如抗疫英雄钟南山院士的医德在那场没有硝烟的战斗中特别地彰显了出来，他能带领医务人员披荆斩棘取得最终胜利，其前提是他扎实的专业素质并正确掌握了呼吸道疾病的规律。其次，德具有方向性，在20世纪60年代，提倡人本主义的西方，加上杜威实用主义相对论影响，美国进步主义德育学派提出"价值澄清理论"，反对用赫尔巴特的权威灌输方式，以迎合社会价值观日渐多元的现象旨在促进价值观统一。但是缺乏方向指引的价值观越澄清则越不能统一，道德伦理混乱使人愈加痛苦。经发展演变，当今美国一些大学在逐渐兴起"价值判断"或"价值推理"模式，这个变化实际上付出了很多的代价。用心理学家费斯汀格（1975年）的认知不协调理论解释，就是当一个人意识到自己的行为、心理状态或人格特质与外部的评价不一致时，就会体验紧张和痛苦。所以高校德育必定有方向感，才能帮助大学生早日走出迷茫。我党十八大以来规定高校践行社会主义核心价值观，以此作为德育教育的方向，这种德育实践能让教师和学生都能体验到愉悦。再次，德育具有实实在在的内涵，那就是对事物发展规律的态度、研究和成果转化等，教师带头示范踏实走好每一步，无不对学生产生深刻影响，"德"以循"道"是教师得以要求和约束学生的治学处事态度和诚信行为的"教鞭"，以切实发挥教书育人的作用。以德导人是从"知"向"行"推进从而实现"知行合一"的实践性技术，是有大小、方向的矢量，是具有"运动"规律的实在。而道德与法律互为基础、相辅相成，"导德"的同时也促进了"导法"，若顾此失彼就会造成社会公平正义的缺失。如果依然有德与法不能覆盖的地带，那么"自觉价值观"就需要发挥重要的作用。

自觉价值观，在这里的"自觉"就是平常我们说的"自觉"，是自觉意识、自觉行为、自觉选择、自觉实践、自觉学习等统一在自觉能动基础上的价值观，是最原初的动力。自觉能动性是毛泽东在《论持久战》中提出的，谓之"人类的特点"，"一切根据和符合于客观事实的思想是正确的思想，一切根据正确思想的行动是正确的行动"是他的军事辩证法思想。后来自觉能动性与主观能动性等同了起来，是作为人区别于动物的特点，与被动相对。动物再聪明也只是消极地适应自然界，而人是自觉能动的，整个人生是自觉能动的过程，是认识世界和改造世界的有目的、有计划、积极主动的有意识的活动能力，在当中包含着自信自强对人生发展的作用，具体表达为人的决心、意志和干劲。自觉价值观是比自觉能动性更具有可持续性和趋于自由状态意义的行为内驱力，不仅与态度、决心和意志有关，更与态度相关，更有标准可言，特别在抉择的过程中往往不能一步抵达"正确"时所具有的"否定之否定"的觉悟和勇气以及抑占优势的策略，这实质上是在中华五千年文化沉淀的基础上添加了新时代的元素，共同合力激发的升华。培养自觉是一直以来中华民族传统教育的目标，是中华民族优秀传统文化自信的集中体现，具有自觉价值观的个体，认同社会主义核心价值观，在情感认同与行为习惯上自觉符合社会规范和要求。《易经》说："观乎天文，以察时变；观乎人文，以化成天下"，团队文化就是集体人文的总和，意味着一个团队或集体的行为习惯和氛围及其背后的观念。处于某个集体当中的个体，集体文化会对其行为发生引导和推动的作用，而每个个体的行为经修修剪剪，最终又升华汇聚成一股集体氛围，日久积淀成文化，这两个过程有规律地循环交替进行着。如果某个集体循环演变出一种善行，那么处于这个集体当中的个体也会自觉地实施某种善举，是被"同化"的结果。相反地，如果集体总是让欺骗行为大行其道，那么个体间就会尔虞我诈、互相倾轧，产生的个体行为也是不良的，也许在经意或不经意间实施了某种恶行，只要有一个人越了底线出现恶行，其他人也会一个接一个地也表现出恶行。既有"人之初性本善"，又有"人之初性本恶"两种对立的说法，这个"初"，往往就是个体最初所处的团队或环境。个体实施善举源于强烈的道德感，这个时候美感也特别强，诚信和友善是人类公认最美的品格；美感强烈的时候，不一定必然有道德感，比如整容；那些低俗文化因行走于道德的边缘因而也美不起来，但是，样貌丑的人或者肢体有残缺的人同样也能有道德感从而产生美感，比如自立谋生。美感实际上是个人价值观决定，而人类关于美的标准是既有共性，又有个性，在某个集体中，美是集体文化鉴赏事物的产物，艺术是审美抓手，而唯美是个体保持对集体积极关注的动力。康德说"美是一个对象的合目的性形式"，认为"凡是那没有概念而被认作一个必然愉悦的对象的东西就是美的"，"一切都要归结到鉴赏的概念上来：鉴赏是与想象力的自由合规律性相关的对一个对象的评判能力"，"一个无规律的合规律性"，"是唯一可以与知性的自由合规律性（它也被称为无目的的合目性）及与一个鉴赏判断的独特性共存的"①。确实，有美感的事物的确令人愉悦，大学兴起 PBL 教学，就是要改变长期的"赫尔巴特式"灌输教育，新时代教学改革的目标是创新，"美"育是培养具有"美丽心灵、高尚情操和文明素质"的人才。然而，创新的基础是想象力，单纯灌输道德规范的效果已经远远不够，想象力的自由合规律性如果被过于束缚，教育的效果就与创新南辕北辙，把"美"这个元素注入当今教育当中，无疑会大大放飞学生的想象力，从而改变沉闷的教学局面提升创新创业的动力。而美感的"无目的的目的性"，给人一种"无感化"的体会，"无感"的合目的性令人产生幸福感，其魅力在于"无目的"的初衷，说白了，就是无声无息地、无缝隙地、不知不觉地完成了一件你想要、别人也乐意的事情。真有这么美好的事情吗？大家都在努力，比如高速公路的"无感"收费通道，车辆不

---

① 康德. 判断力批判［M］. 邓晓芒，译. 北京：人民出版社，2002：73-78.

用停下，通过扫码、扫芯片、扫车牌等方式，低速过卡便能收费，让车主感受到浓浓的幸福感。但还是有一些问题仍不能"无感化"解决，比如我们有的学生在寝室跟舍友处不好，向辅导员悄悄提出换宿舍，就是不希望跟那个同学当面闹掰了，美其名曰"既保护好自己的生活习惯，又不用破坏同学之间的关系"，仿佛这样就能"无感化"地解决这些矛盾。殊不知，这并不符合逻辑，现实中还没有哪所学校可以做到有充足的资源让学生自主选择校内住宿的条件，而且，只要你搬离了宿舍，就会引起人际猜疑，就不会达到"不破坏同学之间的关系"的目的，到最后，目的没达成，美感也会荡然无存。思想政治教育本身是"有组织、有计划、有目的"的思想和行为管理，但在有限的条件下，尽管远不能达到"无感化"状态，但依然需要有意识地注入美感，过往"枯燥乏味的教条式"教育方式确实不能满足新时代教育的需要，那就要立足于教育的目标定义思想政治教育美育的内涵。学者祖国华认为美育首先从提高学生的思想觉悟着手，发展党员工作，通过打造一批思想政治素质过硬的先进分子带动全体学生进步；其次树立榜样，感化学生①。再次是建立宏大有力的话语体系，如习近平总书记发出号召"功成不必在我，功成必定有我""我将无我，不负人民"等宏大气概极具振奋人心的话语，确实增强了教育效果。最后就是把好"文艺关"，不仅仅是对媒体、娱乐圈的要求，也要为大学生打造斗志和激情的文艺作品，习近平总书记对文化文艺的要求是"四个坚持"，坚持与时代同步、坚持以人民为中心、坚持以精品奉献人民、坚持用明德引领

---

① 祖国华. 思想政治教育审美问题研究［M］. 北京：人民出版社，2015：129.

风尚，要拿出讴歌党、讴歌祖国、讴歌人民、讴歌英雄的精品力作。此外，"美"除了从做人的工作着手，还要注重环境的建设，例如党和国家发布的制度政策，高标准严要求，使思政教育"三全"育人，大学校园更应积极负起伟大的使命，不仅打造"大德育"的优美自然景观、完善以人为本的公共基础设施，更要营造优良校风的人文环境，包括学生的精神面貌、尊师重道融洽的师生关系、勤奋好学争先创优的社团、井然有序的教学场所等。思想政治教育"美"不"美"？靠"打"是很难"通"了，"暧暧昧昧"的"无感化"更不行，归根结底还是要考察教育工作是否以问题为导向的以人为本。通，就是要"疏""导""打""熏"多管齐下的结果，还要舍得花时间去"等"，既合乎目的又合乎规律，是每一位思政人所要达到的最高境界。

第十一章

大学生职业生涯规划与心理健康教育

曾经，关于"80 后"大学生的评论纷至沓来，说他们是"垮掉的一代"，一转眼，这一代人已经进入 40 岁的年纪了，"90 后"也即将步入三十岁，"00 后"也已开始进驻大学。刚刚看到一则消息，一个大学毕业的"90 后"实习期女生在开春回单位工作受到老板批评后就选择自杀了，这是大家没有想到的，也是不可思议的。我在 1998 年刚参加工作那会儿，接手的第一批学生就是"80 后"大学生，工作伊始我对他们充满了信心，很有幸地目睹了他们的成长成才全过程，时至今日，他们大多成了业界的中流砥柱，有一些成为我同行并且超越了我。工作 10 年后又迎来了"90 后"，这些学生给我的感觉就更震撼了，他们办事的目的性更强，投入到学习、工作和人际方面的精力绝不亚于我们这一辈，特别在互联网时代，对新技术的接受、应用和开发方面，比起"70 后""80 后"都有过之而无不及。这代人赶上好时代，入职的变化从原来"没关系就没机会"转变为"有能力就有机会"，单说考研、升学方面，就远远超过了"70 后"及"80 后"，成绩背后其实是努力奋斗的结果，真的没有随随便便就能成功的人，我非常高兴地看到了"90 后"也陆续走向了工作单位，实际上他们的机遇和挑战是并存的，也会遇到各种困难，但不至于刚入职就想不通。"00 后"也陆续开始入学了，我依然满怀信心，因为无论哪个年代的大学生都有各自的优势和劣势，这是每个时期集体的文化使然，也是人处于各个年龄阶段的经历与历史条件存在差距的现实，以至于不同年代的人都形成了各自的个性特质，但那些对成长有利的个性特质仍需要有伯乐从旁发现和引导出来。首先职业生涯规划教育将发挥出尤为重要的作用，从"何以能"这个角度来明确大学生的教育切入点。生涯是首要解释清楚的概念，这是出自罗马语"战车"的意思，英语为 career，既是"生涯"又是"职业"的意思，将之拆成"car＋eer"，可以理解成为"驾车的人"，形象地比喻一个人的生涯就像驾驶战车一样，战车的要求自然很高，动力要足、战备要齐、防御要强、目标要明，回答了"以何战"这个问题，并且还要考虑战车什么时候停靠，什么时候再出发，走哪一条道，怎样规避风险，甚至考虑出战路线等等。教科书里对"生涯"的定义，就是"个人一生的道路或进展途径，具有终身性、独特性、发展性和全面性"。有些人的生涯基本上与某一职业完全捆绑在了一起，比如科学家、医生等，有些人的生涯会中途发生改变，比如跳槽改行、退休后改道第二职业等等。所以，教学方面一直沿用这个"职业生涯"的定义，就是"指一个人一生中所有与工作相关联的行为与活动，以及相关的态度、价值观和愿望等连续性经历的过程"。

　　其次用相关理论说明职业生涯规划的重要性，这是个人基于心理健康基础之上对一生的计划，如果没有心理健康作为基础，不仅学习注意力大大下降，其意志力也不能长久地持续，因此要重视教会学生首先要关注自己的精神卫生和心理健康，其次就是系统地审视自己以及所学的专业，自我评判是否在行业中具备充足的核心竞争力和发展的动力，在专业学习、职业技能训练、职业发展等方面是否已做360度的心理准备？在职业过程中是否已对各种风险进行了科学预测，比如了解自己是否具备某些具体岗位所需要的特质，则通过职业个性测试、自我回顾分析、咨询家长老师和同伴交流等方式认知，360度自我认知，明确职业初心。再次要判断"人职匹配"的可持续性，可通过调研、信息搜索、访谈等方式帮助学生了解职业岗位的特点、职业行业的市场风险等，根据自己的学识、经济和能力等实际情况进行研判。应全面分析所学专业的行业信息，行业包括与专业对口的职业群、职业资格、就业机会与职业前景等，科技进步对职业的影响和未来演变趋势，从社会环境、组织环境、具体职业、专业及家庭等几个方面入手，要通过行业调查尽可能全面地分析职业环境、了解工种和岗位的内容从而预测组织满意度与个人满意度。认识周围环境主要了解包括当地经济发展水平、社会文化环境、政治制度和氛围等因素。分析组织环境，主要包括行业现状、国家政策或国内外大事件对行业的影响、行业发展趋势、行业优势与危机、行业标杆和企业动向等，还包括对组织内部的特色氛围、经营战略和人力资源评估研究。同时还要通过多种途径了解具体职业的外在特征、在职人员的主观感受，还尽可能系统地进行职位分析、岗位分析或职务分析，尽量掌握不同工种"人职匹配"的关键因素。还可以在这样的理念指导下设计结构性问卷，安排每位学生以访问的形式邀请从业人员和服务对象填写问卷调查表，了解行业服务对象、自身员工对同一类问题的看法，明确不同行业的价值观、核心素质、关键人格特性等需求。

再次是自我监控，引导学生反复对自我职业发展核心价值观、事业观和职业锚进行思考和自我反馈，了解在职业生涯中遇到困难的处理，谓之"职业锚"又称职业系留点（Career Anchor），其所具有的意义，是美国著名职业指导专家埃德加 . H. 施恩提出，意思是人们选择和发展自己的职业时所围绕的中心，是指当一个人在不得不做出选择的时候，他无论如何都不会放弃已有职业是因为他认为有某种至关重要的东西或价值观在指引。指导学生思考，根据这一观点可预测自己因为什么可能会在某种情况下停止前行，这可能是被动的，但大部分可以是主动的，受自身个性、家庭情况、工作地点、工作氛围和薪酬待遇等影响。职业满意度是重要影响因素，但应注意避免理想化，把人的积极勇敢地面对实际问题并解决问题的能力激发出来，职业规划就是具有激发学生潜能的作用，这样才体现其意义和价值。社会实践可以作为补充，帮助学生自主地发现职业行业中可能存在的问题，大学教育要充分掌握好不同阶段的学生如何开展社会实践，即规定一年级学生走出"象牙塔"、走进社会、走入行业，开展社会调查；二年级学生进入周边社区、贫困山区、中学小学开展健康知识普及；三年级学生开展科技创新创业项目，培养成果转化的意识，产学研"一体化"；四年级以上学生参加专业实习和职业技能大赛，练就扎实的专业技能本领。社会实践，不仅帮助学生认清自身存在的差距，学会理论联系实际解决问题、掌握科学研究的方法，更重要的是早接触、早见习、早认识社会，自觉强化沟通技能，提升人文素质，形成适合行业发展需要的职业素质。

最后应注意职业伦理教育。加拿大 McMaster 大学的关超然教授主张在各个方面的教育推行 PBL 学习理念，是以学生自主学习为目的、在教学实践中推动学生的批判思维和创新思维的发展，严格区分于传统教学的"案例讨论"非简单地讨论后总结汇报。在职业生涯规划教学中，我们提一些案例，加上社会调查的方式，促进学生对职业伦理的关注，讨论并服从包括专业伦理讨论、生命伦理和学术伦理，促进学习态度和方式的转变，尤其在医学教育中，学生只有形成 PBL 学习理念，才会在医学的职业生涯规划中真正探索出个性化的行医哲学。在"案例讨论"中可以"检测"出学生是否已形成"问题导向理念"，例如一位产妇大量冒汗，住院几天后得不到改善，该患者要求主诊医生为她安排中医会诊。医学生可以就此案例探讨这一现象发生的原因、患者的心理变化，甚至可以探讨更多与这位患者接触的相关人员的想法，比如主诊医生，医学生可以设想作为主诊医生他可能会持怎样的态度去处理这一问题。我们也在课堂调查中了解到，较多人认为西医生倾向于从弱化中医的科学性与产妇讨论坚持西医治疗，有个别会无条件地答应孕妇一切请求，这两种都是过于简单的处理办法。实际上，产妇本人很可能重点不在于会诊，她会诊仅仅为了表达对主诊医生的不满，过多的解释可能造成更多误解。如果医学生没有形成"问题导向"的学习思路，不去与患者详细了解情况而只是等待上级医生告知他正确的做法，那么无论怎么选都可能会错，医疗过程中一个又一个问题有待批判思维和创新思维的形成，去分析其现象背后的实质。每个患者都不一样，不能一刀切，可以多样化解决患者多方面需求，多站在患者和医务人员双方从辩证的角度去分析问题，学生才能判断医疗服务是否已到位？患者怎样才能信任医务人员？还有，我们的医学行为涉及实验性的科研是否应该向患者表明？等等诸如此类问题，均需增强医学生的医学伦理观念，要懂得运用人文知识去判断问题情景，学会观察社会、认识社会，辩证地认识医患关系。

职业生涯规划是高大全的设计，对于大学生而言是一件需要耐心去探索人生的事情，但无论高年级，还是低年级学生，其职业规划都存在不切实际的现象。高年级学生因忙于实习、毕业、考研和找工作等事宜无暇顾及明天的事情；而一年级新生刚入校还处于适应阶段，如果没有专业的指导和帮助难以对四、五年后的人生有什么清晰的概念，二年级以上的在校生有了一些专业知识和职业爱好，但是专业思想还不牢固，在规划的时候会出现"选择困难综合症"。其实人的职业生涯规划就像爬坡：个人成长—组建家庭—成就团队—"五位一体"发展—梦想成真，"五位一体"发展是指在政治经济社会文化生态方面均有建树。学生在走向社会之前，主要是发展自身素质为主，进入工作岗位后要发挥能力，成家立业，不断成长，在政治经济社会文化生态各方面做出自己的贡献，最终实现自己的"个人梦"。这个"爬坡"路线正好与美国心理学家马斯洛的"需求层次理论"是相吻合的："生存需要、安全需要、情感与归属需要、尊重需要、自我实现需要"。个人成长不能孤立片面，而是要把个人心理健康与家庭和谐、团队成就以及为国家和社会做贡献密切联系在一起才有意义。职业生涯规划就是帮助个人成长，认识自身不足、完善人格和提升综合能力，在青年时期完成集体建设和组建家庭的任务，这既是满足人的安全需要和情感需要，又是解决埃里克森所说的人生"八大任务"中解决成年早期的"亲密对孤独"的任务之一。解决个人问题要与团队联系在一起，比如在校时建设宿舍文化、提高班集体活动参与度和获取高级别竞赛荣誉的级别和数量等，待进入工作岗位拥有一定的社会地位时，逐渐实现归属需要和尊重需要，职业生涯才得以顺利发展，也就是看安全、情感、归属、尊重的需要是否得以满足，方得水到渠成，梦想成真，激发了潜能，获取更大进步，才能达到自我实现。在我国现阶段，个人的梦想，不要局限在票子、房子、车子、孩子、包子、鞋子……这些过于世俗的思想里，而是应上升到高尚的思想境界，与实现中华民族伟大复兴的"中国梦""构建人类命运共同体"统一起来。

一、比较"梁山泊团队"和"西游团队"职业生涯规划

对个人职业生涯规划的重要性，还并不是纯粹个人的事情，而是基于团队成长的需要，而团队本身也要有职业生涯规划，团队对其每一个成员都有"组织职业生涯开发"的任务。可以这么认为，团队与个人的职业生涯规划是一体化的，需要夯基垒台，把个人成长上升到团队的层面，我们可以讨论几个耳熟能详的团队，比如《水浒传》和《西游记》，分别冠以"梁山泊团队"和"西游团队"的称名。两个团队各自为了一个目标，前者是以宋江为首的农民起义运动"替天行道而后招安"、后者是以唐僧带队"西天取经"，但结局迥然不同。梁山泊团队在经历了数次"替天行道"的成功之后，一旦接受"招安"则节节败退，最后兵败如山倒，完败告终，108条好汉下场凄凉，只剩下28人分散各西东。西游团队师徒四人骑着白龙马则经历了九九八十一难，初心不改，最后苦尽甘来、如愿以偿、成佛成仙、完胜告终。两个团队同是出身不好的两拨人，却出现两种结局，"一悲一喜"形成鲜明对比，提醒人们从职业生涯规划的角度重新审视和分析个人融入团队的发展，以帮助大学生重视做好职业生涯规划，特别要做好团队心理训练。详见表11-1。

表11-1　两个团队职业生涯的比较分析

对比项	梁山泊团队	西游团队
所处年代	《水浒传》 成书于北宋宣和末期1119—1125年间，就在1101年《清明上河图》成画之后。故事发生在中国古代历史上综合国力最强大，经济文化最繁荣的时代	《西游记》 成书于明朝1550—1582年间，事件发生在唐朝太宗贞观年，国力快速上升的年代
团队初衷	社会制度弊端不断显现，一群被"逼"犯法后避难的权贵，也有地痞、流氓、强盗，发农民起义	除了唐僧是不争气的金蝉子转世，其他四位都因犯事被贬去辅助唐僧西天取经
团队领导	王伦、晁盖、宋江	唐僧
团队口号	替天行道，斗贪官、除恶霸，保一方百姓	一心求真经
团队高手	按声望排名，有文有武。智深、武松也只排第13、14名	孙悟空七十二变；白龙马主打脚力，关键时候上天入海
团队规模	108人	5人
团队氛围	按本事排座，忠、义	严守戒律、和谐友善
阶段成果	攻城略地，组建了一只屡战屡胜的强队	历经九九八十一难

对比项	梁山泊团队	西游团队
转折点	改旗易帜，接受招安	初心不改
团队结局	失败，剩 28 人活	成功，五圣成真
原因分析	团队成员背景混杂、排位分工不明晰，团队初衷中途逆转，缺乏规划，打着忠义招牌行利益之事	团队目标前后一致，走昔日丝绸之路，路线规划清晰

二、参考"三国"人物及其结局描绘职业愿景

《三国演义》是中国第一部长篇章回小说，据正史编撰，介绍了魏蜀吴三国兴亡，"天下大势久分必合、合久必分"，描述了各种人物比如刘备、关羽、张飞、诸葛亮、曹操等故事，头绪繁杂。清代德国来华新教传教士郭实腊对其大为赞赏，称小说的人物"一个个概括成各自的身份推动故事情节发展的棋子。各个角色在一个个身份定位或人事关系中，按部就班，各从其类，自然而然地融为整部巨著的一个组成部分或因果节点"。小说的基调是罗贯中"拥刘贬曹"的思想，重墨于刘备慈爱、诸葛亮智谋、关羽忠贞、张飞忠勇、曹操奸佞残暴，对司马懿描述为老奸巨猾。实际上，近年来学界对诸葛亮、曹操的评价出现流变，突出了前者用人短板、后者领油气质和政治才能，并且把关注度集中于其他原本着墨不多的人物身上，比如司马懿，评价他具有"笑到最后"的巨大隐忍和杰出的军事才能，被高频引用于当代管理当中；还有对赵子龙追求"仁政"、智勇双全、务实笃行、张弛有度的成功素质也被热议成新的亮点。实质上，《三国演义》对人物的介绍具有跨越时间的长度，也有剖析人物

之间细微关系的深度，更有在独立的空间描述故事场景的宽度。

　　读名著可指导大学生加强职业生涯探索。若学生对职业愿景模糊不清，学习动机就会不足，学习的积极性就不会高。《三国演义》中的人物故事形象丰富、典型，以叙说和评论的形式进行人物介绍。比如司马懿、诸葛亮、曹操三人，他们的目标一致，都是要统一"三国"，但他们的发展路径错综复杂、事业交错进行，结局也是出人意料的，他们个人的职业生涯史非常重要地构成了三国时期的战斗史。近年来互联网上关于三人形象流变的研究也逐渐增加，首先要说的是司马懿，因为他是最大的赢家，在《晋书·宣帝本纪》《晋书》《三国志》《三国志平话》和《资治通鉴》里对他的述评均不一样。《三国演义》介绍，他出生于将领世家，22 岁才做了"上计掾"小吏，到了与其兄一起提拔之时，他已装病了七年，29 岁才当上曹丕的"文学掾"。他在随军出征的时候因熟悉曹操个性自我克制坚持不强谏，待选入第二代谋士后，进谏仍保持"有所为有所不为"的原则，将近 40 岁终于当上军司马。他擅于观察对手诸葛亮的弱势，最后节节取胜，孙权曾评价他："司马懿善用兵，所向无前"。70 岁时他抓住曹爽陪天子曹芳离洛阳至高平陵扫坟的机会起兵政变，成功夺取了魏国政权。后来，其次子司马昭封晋王后，追谥司马懿为"宣王"，其孙子司马炎称帝后，追尊司马懿为"宣皇帝"，庙号高祖。伐蜀灭吴后司马家成了最大赢家。司马懿的特点就是善谋奇策，隐忍制胜。实际上，诸葛亮在罗贯中的《三国演义》中誉为"智绝"，是小说中的主要角色，还很年轻就以《隆中对》显大战略才能，刘备三顾茅庐请其出任军师。他料事如神，节节败退曹军，占荆州、取益州、得汉中，自蜀汉政权在成都建立时被任命为丞相，刘禅继位时封他为武乡侯，领益州牧，与东吴联盟，改善和西南各族的关系。但前后六次北伐中原，多以粮尽无功而终，54 岁时病逝于五丈原。刘禅追封其为忠武侯，后世常以"武侯"尊称诸葛亮，东晋政权追封他为"武兴王"。而曹操在《三国演义》中则为"奸绝"，是东汉末年杰出的政治家、军事家、文学家、诗人，出身侯爵之家，年轻时放荡不羁，公元 184 年汉末参加黄巾起义后，与赵荣、夏牟、袁绍、鲍鸿、淳于琼、蹇硕、冯芳并称"西园八校尉"，公元 190 年讨伐董卓，挟天子以令诸侯，南征北战。公元 200 年在官渡（今河南中牟县东北）以少胜多挫败河北袁绍，公元 201 年在仓亭（今河南管县东北）再次破袁，并于公元 207 年北伐灭袁基本统一了中原地区，一年后成为东汉政权丞相，同年，南征荆州刘表，于赤壁与孙刘联军作战失利，三年后西征击败以马超为首的关中诸军，构筑了整个魏国基础，两年后又击败汉中张鲁，在公元 213 年三国鼎立之势基本成型，汉献帝册封曹操为魏国国王，于邺城建立魏国王宫"铜雀台"，享有天子之制，获得"参拜不名、剑履上殿"的至高权力。曹操一生未称帝，公元 220 年，他 66 岁于洛阳病逝，谥号"武王"，葬于高陵。书中还描述了其他"绝"色，比如"义绝"关羽，但最终不敌吕蒙被杀，而同样具有高超武艺的赵云却能寿终正寝，其区别在于关羽屡屡高估自己轻视敌人，看似失败总在于运气不够，实则自傲有过。还有三国第一"毒士"贾诩（77 岁逝）和"既生瑜何生亮"的周瑜（36 岁卒）均聪明绝顶，他们结局却也在于一命长一命短之别，说明生命的长度决定了他们职业生涯的长度，他们的曾经均基于实力之上，运气和情绪却成了关键因素。运气，蕴藏在事物的规律中，而情绪则掩藏在人的无意识中，谁人明白情绪管理的个中真谛，谁就是最终赢家。

个人的发展受到职业愿景影响，这考验了一个人认识事物的规律与非智力影响因素是否同步发展。每个人皆因价值观和就业观不同而对未来的工作环境、具体内容和前景选择就有不同，描绘职业远景就有个性化倾向，从而造就不同的职业发展方向，可将愿景设计作为大学生职业生涯规划指导和就业指导的主要抓手之一，重点讨论在大学期间 4－5 年的生活该怎么过？在毕业阶段是先升学还是先就业？在就业阶段是自主创业还是进企业单位？为适应信息爆炸时代，创新教育是第一位的，因而也贯穿在整个职业生涯当中，在全媒体时代应充分利用好书籍、刊物、杂志等途径，把握呈指数性增长和多元化传递资讯的多媒体：电视、广播、电脑、手机、网络，编辑传递信息程序简单且快速有效的自媒体：微信、QQ，还有网络平台、小程序设计等，用好多媒体和网络从"线上"了解职业行业的现状和发展动态，"线下"通过行业调查、人物访谈、见习实践等方式，开发的创新创业科研项目，形成"线上＋线下创新教育闭环"。其次是建设团队，包括团队定位、团队口号、团队核心竞争力、团队规模、团队氛围等，无论自主创业还是入职企业和单位，都要考量如何让自己快速融入一个原本互不相识的群体当中开展工作，团队靠的是一个个岗位上的个人发挥职责，比如西游团队：唐僧－领导岗位、孙悟空－专业技术人员、白龙马－职能部门、沙僧－后勤服务部门、猪八戒－工会福利权益部门。作为团队应打造高水平领导力、执行力和宣传力。团队运作应体现人文关怀和纪律。作为团队中的成员就要熟悉内、外部环境，包括岗位的优势劣势和晋升路线，可因地制宜，局部反馈调整方案，提出治理措施。外部环境则包括国内外政治形势，比如"一带一路"战略，对沿线国家的政策和发展方略等，均可视为企业或单位的发展的因素等。总之，个体的职业愿景可体现整体性、艺术性和灵活性。

三、培养职业自觉所需的职业素养和职业人格

2018 年马克思诞辰 200 周年，一个世纪以来马克思主义理论持续对我国产生积极的影响，马克思主义中国化理论已成为我国社会主义意识形态的指导理论，新中国成立 70 年来，国民教育从小学开始到中学、大学一直到研究生将近二十年教育成长全覆盖，人们长期接受马克思主义理论以及中国化的马克思主义理论教育，不仅成为行动指南，还成为一种文化"基因"。中国文化历史悠久，当代青年身上固然留存着五千年中华传统文化的烙印，但同时也少不了马克思主义的深刻影响，两种文化交融产生出一种先进的文化效应，共同打造着新时代的文化个性，这也许可以称为"中国化的马克思主义人格"。

对于大学生人格的研究是近年来兴起的热点，国内学者王碧英等人发现，大学生总体处在一般活动性、乐天性、思维外向性、支配性、社会外向性的高分区上，这说明"当代大学生具有良好的人格特质，他们乐观、自信、满足、充实、活泼、人际关系好、干事爽快效率高等"。学者杜颖等发现，由于受社会环境的多样化影响和

高校教育存在不足，大学生身心发展存在不确定性，大学生的人格也存在着一些问题，如道德意识不强、社会责任感缺乏、利他行为不足、精神状态不乐观和情绪不稳定等。陈弘等学者则具体指出大学生创新人格不容乐观的现状，认为在很大程度上制约了创新能力的培养，具体表现在"创新欲望和激情较低、创新的独立性不强、创新的自信心不足、缺乏创新的毅力、缺乏实践意识、缺乏质疑精神等"。王振君等人认为"美育在大学生人格培养中起着非常重要的作用，美能启真，促进大学生智力的发展和创造力的培养；美能储善，提升人格境界，从而促成人格的完美；美能怡情，使大学生心理结构保持均衡"。还有不少研究发现性别、家庭经济情况、独生子女、政治面目、在读任职与否对人格形成均有影响。还有对女性人格的研究也逐渐增多，山东学者李娟认为女大学生具有双性化人格模式，自信心和安全感较高，高自尊、自我评价积极、情绪积极健康，还认为在当今社会主义社会中，广大女性已经获得了一定程度的解放。双性化人格研究是为了淡化性别界限，综合提升适应力，是一种上进积极的研究。甘肃赵文进等学者用历经 30 余年的大量理论和实证研究证明了"双性化人格的存在性和它的优势，揭示了实施双性化人格教育的可能性"。

笔者也曾于 2004—2006 年在广州高校调查了解大学生人格。广州高校处于我国改革开放的前沿阵地，对当中的大学生群体人格研究具有前沿的意义和价值。研究数据显示，大学生情绪化总体得分最低，但女性的情绪化、自卑相对高分。女性具有明显突出的多元化和宽容特质，但在纪律性、事业心、发散思维、领导能力、逻辑取向、谨慎、传统性、创新、责任、乐观和人情方面较男性欠缺。大学校园需要引导更多的大学生营造多元化文化环境，强调宽容，培养创新意识和激发事业心，改善情绪化等问题。特别注意女性健康人格已构成大学生群体人格塑造的重要部分，对女性人格的把握和培养带动大学生人格的良性养成将逐渐成为整个社会稳步发展的关键因素。

研究数据还表明，受"马克思主义中国化"理论影响的当代青年人格是乐观的、健康的。波兰理论家沙夫·亚当（Adam Schaff）曾评价马克思主义是一种乐观的人道主义，大学生的调查数据中也找到了支持这一观点的证据，其人格特质表现为实干、创新、内归因、多元化、领导能力、逻辑取向、事业心、责任心、爱美、乐观、谨慎、亲情、高尚、宽容、老实、社会敏感、和谐，这些人格特质与负性情绪是显著负相关的；而阿Q精神、情绪化、面子、自我取向和自卑分值较低，这些都是负性情绪正相关。

本文提出"马克思主义中国化人格"的定义，意在突出中国人已受到中西方优秀和先进的双重文化熏陶，而且已颇具成效。马克思主义理论是科学的先进的理论，中华传统文化几经去粗存精后保留了优秀的元素，两种文化碰撞融合，令处于当中的个体已形成特有的人格。这种特有的人格实际上可以在历代领导人身上找到，潜移默化地为新时代青年人格树立榜样。参考互联网的资料，可有如下总结：如毛泽东具有"政治敏感、壮志凌云、抱负远大、诗情浪漫、务实求真、笃志嗜学、无私奉献、勇于探索、不断创新、见远识卓、意志坚强、百折不挠"等人格特质；学者白石亮总结周恩来具有"崇高、和谐、稳定、憎爱分明、公而忘私、坚韧稳定、聪慧高超、崇尚新美的人格特质";邓小平具有"远大理想、坚定信念、博大胸怀、无私情感、坚韧意志、乐观态度、坦荡作风、谦逊品质、非凡智慧、不断创新、尊重实践、崇尚实干、有勇有谋、为人正直、心口如一、坚持原则、立场稳定、不居功自傲"等人格特质,德国作家乌利·费兰茨形容他为"风中竹";江泽民"顺应历史潮流、伟大目标、崇尚真理、真切情感、实践探索、理论创新、领导魅力",美国战略家库恩传述"他改变了中国";胡锦涛"和谐亲民、以人为本、科学发展、高瞻远瞩、可持续性、统筹节约、群众路线、精细严谨、忧患意识、高风亮节、博大胸怀"。可以这么认为,历任国家领导人,不仅是民族文化的受益者、传承者,更是社会文化的缔造者、培育者,当代领导人习近平总书记的人格魅力更是达到了登峰造极的新高度。依据江西学者文秀对习近平讲话的语言风格、领导风格特点研究,结合参考外媒和外国名人的评价,可以概括习近平总书记的人格特质为:聪敏、创新、专业、好学、友善、热情、坦诚、务实、睿智、亲和、和蔼、意志坚定、诙谐风趣、积极乐观、谦和礼貌、很有内涵、平易近人。说话实在真实、很接地气,让大家心里都服气。博学多才,胸有成竹,记忆力好,言之有物,妙语连珠、善于立言、独立思考、爱好广泛,儒雅、有深厚文化底蕴、特别擅长讲故事,旁征博引,贴近实际、切合实际、符合实际,管理水平高……

中国传统文化对中国人的影响是持续的、根深蒂固的,学者肖南龙撰文"中国人的传统思维方式是实用理性的中庸思维方式;它形成部分中国人在价值观念上的官本位观念、等级观念、特权观念；它们构成了部分民族精神的内核，形成民族社会心理中的人情观念、面子观念、乡愿习性、阿Q精神等具体表现，并内化为人们的行为方式和族群的风俗习惯，如自由散漫、厚古薄今及其他不良风俗"。在中国经历了"文革"那场浩劫以及数十年成功的改革开放后，中国人在不同地区的人格特质其实已呈现出明显差异。台湾是儒家思想主导的社会，台湾的一所大学人力资源研究所最先采用"中国人个性测量表"为工具，梳理出台湾人的人格特征为"人情、现代化、节俭、阿Q精神、宽容、老实、面子、亲情、躯体化、固守忍让、克制、自恋、权威导向"（Cheung'Leung'Zhang'Sun'Gan'Song&Xie'2001；宋维真、张妙清、谢东，1996；李颖科，1992；彭迈克，1993）同样这份量表，广州大学生的测量结果为"和谐、人本、远大理想（事业心）、崇高、意志坚定（情绪稳定）、奉献（社会取向）、真理（内归因）、正直（老实）、雅量（宽容）、创新、聪慧（逻辑取向、发散思维）、尚美（艺术性）、乐观、谦逊（谨慎）、领导能力、社会敏感、纪律、节约、责任、情感（亲情）、实践（实干）、改革开放（多元化）、勇气（自信）。"证明了中国传统文化历经数变，优秀的那部分文化留存了下来，确实对健全人格的养成是有利的，教育者应充分鼓励培养大学生中华传统优秀文化，摒弃不良习俗，有助于学生养成良性人格特质，打好心理健康基础。

青年形成"马克思主义中国化人格"，其心理状态是健康的，对建设社会主义事业是极其有利的。是一种"阳光"人格气质，拥有这种人格者更显理性，从而有着更健康的心理和体魄。我党在培养

"德智体美劳全面发展的社会主义建设者和接班人"中，"体"是指"健康的体魄，即具有优良体质、健全人格、坚强意志。"这就要求人在情感情绪中把好关，就要在优良体质的基础上，不断完善人格，不断提升意志力。把"职业自觉"培养出来，如何自觉？怎样自觉？"凡事预则立，不预则废"，在大学，职业生涯规划就是养成大学生的阳光人格的"助推器"，为培养"职业自觉"打好基础，使其在整个职业生涯中因"职业自觉"受益，也因职业自觉创造价值。

这里说职业自觉，就是指规划好一个人五年、十年、二十年甚至更长的人生该怎么走。这种规划，不是下赌注，也不是臆测，而是建立在充分认识自己的人格特质、兴趣爱好和职业能力的基础上，在职业规律的影响下有意识地推进个性化职业发展。

首先，个人需要对自我充分认知。除了每日"自省"，还可以采访别人的建议，更重要的是通过实践来探索，在探索中顿悟。看书学习是最好的探索方式，如果看专业书学习无法让你顿悟，那么可以看一点经典名著小说、影视作品。如果这些仍不能从中得到更多的自我启发和帮助，那么对于日常过于沉默的大学生可以行采用一些权威的心理测评工具来了解自己。如果自评量表的结果也不能让自己满意和信服，那么就要寻求专业的心理咨询，充分排除焦虑症、抑郁症等神经官能症，鉴别诊断"病与非病"的精神状态。在确保精神状态正常的情况下，就要去改变自己，比如投身实践，如"三下乡"支医支教，社会调研，支援服务等社会实践，这些途径提供了很好的舞台让学生自觉发现自我的职业人格特点，从而发展和完善职业素养。具体检视以下方面：1. 内心信念和思想觉悟，树立职业理想和职业道德，掌握专业知识，丰富人文知识，包括法律学、管理学、心理学、社会学、生态学等方面知识，扎实修炼为人处事品格。2. 收集信息、撰写自荐书、亲历面试、熟悉公文写作、练习口头语言收放自如等基本技能。3. 抗挫能力和规避风险能力。学会敬畏生命和识别心理危机，预判事物发展趋势。总而言之要做到"IQ + EQ + AQ"，即智商情商抗挫商并进发展。

其次是发挥外界的导向作用，比如偶像的引导作用，不是单纯指娱乐圈的偶像，而是关注对世界影响深远的伟人或行业内的榜样和标杆人物，如我国数代领导人、"感动中国人物""改革开放40周年的100名杰出贡献人物"等，特别要注意树立女性榜样。这些榜样，不在于吃喝住行的生活喜好，更在于如何规划好职业生涯规划。从广义上看，我国四大名著实质就是不同人物的职业生涯大全，无论是国事家事还是儿女情长，显然就是人和团队的职业生涯史，名著里对性别角色的着墨各有不同。其中，《红楼梦》看似描写女性，但恐为男性之侧面更显曹公之高超造诣，女性为主，意在男性，男性人物大多以衬托的形式出现在小说里，但每一个结局都在无声地敲打着男性读者的心扉。其他三部名著，女性在战争中地位卑微，人格个性大多难以述评，其工具性特征是明显的，提示女性职业生涯规划和女性职业人格养成是个有待开发的研究领域。比如在"西游团队"中尽管只有五个角色，在原著中均以男性呈现，可否把他们看成团队中的五个岗位，让女性也可以对号入座？毋庸置疑，女性已在当今社会创造了不可比拟的社会价值，在团队建设中更发挥着不可替代的作用，在职业中男女平等和男女趋同已成为文明社会的象征。特别在新时代无论生活，还是职业，都要求女性顶起半边天。要充分引导女性阅读名著，特别强调不要被跌宕起伏的剧情淹没，也不要只顾儿女情长，更不要嫌政事军事剧情枯燥，而是注意小说描写的各种成败得失。一方面要体会女性地位在我国当今发生的巨大变化，虽然对比欧美一些国家我国女性地位还存在一些距离，但是比中东的一些国家却好得太多，女性地位与政治已密切相关。一方面应坚信女性也能打天下，女性的职业生涯也能进入世界性格局，向成功的女性典范学习，比如中国首位诺贝尔奖获得者屠呦呦、世界上唯一两获诺贝尔奖的波兰人玛丽·居里，以及那位开创护理事业，曾把克里米亚战争死亡率从42%降到2%的"提灯女神"弗洛伦斯·南丁格尔，还有获诺贝尔和平奖的天主教慈善工作者德兰修女，1999年她被美国人民投票选为20世纪最受尊敬人物榜单之首，影响力在马丁·路德·金和肯尼迪之前。

再次是职业决策，在心理学上，可认为这与人的职业价值观和职场认知风格、团队"同一性风格"密切相关。如《西游记》，从团队成员的职业价值观角度看，这五个角色代表了深层的寓意：唐僧—理想、梦想，孙悟空—正义、法治，沙僧—诚信、敬业，白龙马—服从、和谐，猪八戒—友善、平等。团队包涵了每个人存在的各种短板：唐僧—仁慈却缺乏硬本领、孙悟空—本领超强却缺乏约束、沙僧—稳重求全却缺乏创新、白龙马—安静耐心却功能单一、猪八戒—乐观却好色贪吃。"天生我才必有用""是金子总会发光，是银子总被花光"，职业人的职场认知要注重进行良好的情绪调适，积极向上的职业价值观可促进身心健康！个人情绪调节实质是提升

216

职业效能感，从而提升职业满意度。美国心理学家埃利斯（20世纪50年代）提出 ABC 理论，认为 A（Antecedent）是事情前因，C（Consequence）是事情后果，而 AC 并非直接连接，恰恰是 B（Belief）心态信念或认知才是关键，如果人的信念或认知错误，就形成非理性判断，事物的结果就出现错误，当人们对结果产生悲观的评价，往往是因为内心的信念或认知使然。如果缺乏积极理性的信念或认知，人往往就会做出错误判断和行为。合理归因可推进人的进一步发展，海德（1958年）认为人如果乐于把别人的成功归于他的努力，把自己的成功归于运气，这才是合理的，只有这样才会形成沉稳踏实的心态。我们要提醒学生提升团队同一性，就是纠正偏激的职场认知，不仅明确使命，而且不要以偏概全、绝对化，避免走进"自己对别人怎样，别人就应对自己怎样"的"反黄金规则"，可以适当"防御"，比如人们常用的"阿 Q 精神胜利法"，以及"吃不到葡萄就是酸的"狐狸精神；还有正念减压法："1. 把注意力集中在有用的想法上。2. 要相信适当的焦虑是有好处的。3. 注意不现实的乐观主义会阻碍我们正确判断自己的处境从而做出错误的决策。4. 转移注意力，先让自己干点别的。"

　　总之，从职业需求着手，端正职场认知，培养职业人格，最终形成职业自觉。

第十二章

把心理健康作为思想政治教育
效果的监测点

　　心理健康教育的目标是十分明确的，家长们最简单的愿望就是希望学生在校能平平安安，成为符合学校培养规定的人才。学校则希望自己培养的人才走出校门能符合社会需求，国家则希望每个人在实现中华民族伟大复兴的中国梦中贡献力量，同时也获取个人幸福感。心理健康教育的与思想政治教育的目标是契合的，首先是思想道德品质，学生是否有理想、有道德、有文化、有纪律，可以从对话着手观察，进而观察其行为。对话可以了解学生的语言，其语气、语调和内容反映了教育效果。如果语言当中没有我们想要的关键信息，可以认为行为也不会出现我们想要的结果。比如理想，其实对人的行为具有"扳机效应"，可以通过与学生对话，观察学生行为来判断其是否具有理想。如果没有远大理想，思想政治教育和心理健康教育就缺乏交流的中介，缺乏中介的作用，道德文化就失去灵魂，人的行为就缺乏自律，两种教育就失效。辅导员实施思想政治教育往往依据行为判断学生的"价值观标准"，而行为又是心理的反应，所以考察学生行为的同时，也考察了其"价值观标准"，更考察了其心理健康状况。心理健康作为思想政治教育价值标准之一，首先会在语言上表现出来。比如学校严禁学生携带手机进课堂，如果学生并不认为课堂使用手机是个问题，那么对这项措施就会抱怨，就会通过"语言"，可以是口头语言也可以是书面语言表达对这一要求的不满，有的学生会写校长信箱，这时评价中的"语言"就成了学校对学生开展思想政治教育的另一中介。尽管对学生评语常常不是从"结构性"进行评析，但是从用词可以判断教育效果，若是积极的，将提示教育措施好，反之，需要改进。这要从辅导员的思维范式着手调整，如果改为"老师在课堂上可以调整教学策略，引导学生在课堂上使用手机上网学习"，学生评价的语言可能就变成积极的，行为上也会配合。然而短期内这种教育效果很可能并不符合学校的育人"价值观标准"。评价包括自评和他评，分析学生的语言实质就是了解学生对自己和他人的满意度。这些年，教育部对高校进行教学质量评估，考察人才培养是否与社会需求相契合，当中最重要的环节除了考察学校日常的教育教学活动，还有就是召开学生座谈会，从中了解学生的满意度。显然，对于教育措施，学生与老师的评价或叠加，或抵消，最终都形成一种舆论，如果措施经得起"舆论"的考验，问题就可以解决了，也有可能出现旧问题未决而新问题又至的情况。因此，"舆论"是思想政治教育的另一中介，既可以通过党团活动、各式各类的评奖评优活动等方式，又可以宣传教育理念和教育主张，发挥正面引导的作用。其次是除了考察语言，就是在行为上考察学生的注意力、意志力和智力，无论语言，还是行为都是思想政治教育效果的监测点，重在考察大学生对事物专注的"可持续性"。可持续性是思想政治教育非常注重的方面，比如注意力、意志力和智力，哪个方面更容易增长？实际上三者的增长都很难，其中，智力增长显得相对容易一些，所谓"吃一堑长一智"，说明人经历吃亏后，极有可能增长了智慧，而且熟能生巧，天道酬勤，智力平平的孩子，只要训练有加，也会在一段时间内得提升智力。但是意志力的增长就往往更难，且相当脆弱，人在经历挫折后会意志消沉，意志力不增反减。而注意力就最难了跟兴趣密切相关，存在"全"或"无"现象，即有兴趣就有注意力，找不到兴趣就不会有注意力，培养兴趣是很困难的事情。思想政治教育的增长点在于意志的"内化"和"知行合一"，心理健康教育则注重如何转移那些不必要却过于集中在某些人和物上的注意力，这"一增一转"就节约了很多的注意力和意志力，从而腾出更多的"内存"完成更多有意义的活。可见，两种教育只是切入点不一样，在注意力、意志力和智力上相辅相成，都是想方设法使之"生长"起来，使三者效应叠加大于"3"。思政教育是过程，心理健康教育则提示了教育效果。此外，"家校联系"也是思想政治教育的重要途径之一，家长是否愿意与辅导员合作，是建立在学生的心理健康之上，家长如果不合作，就提示了学生对学校存在不满意，这就需要学校适当调整相应教育措施。是否心理健康还可以医学观察和测评量化主观感受，比如可以通过心理测评了解学生是否具有抑郁、焦虑等情绪，若情况不理想可以转介到心理专科医院。思政教育的效果最终还要鉴别决策是否正确，特别在"两难"选择中除了能力和智慧，更多的是反映出思想心理状况，由此可以把"两难"选择纳入考察思想政治教育中的重要监测点。

一、新时代大学要培养什么样的人

"培养什么样的人",已成为高校教育首问。习近平总书记在全国教育大会上深刻指出:"培养德智体美劳全面发展的社会主义建设者和接班人。""坚持教育为人民服务、为中国共产党治国理政服务、为巩固和发展中国特色社会主义制度服务、为改革开放和社会主义现代化建设服务,这是我国教育工作的初心,也是我们党的一贯立场。"由此可见高校教育就是培养建设者和接班人,做社会主义的建设者,接建设社会主义的"班"。高校培养人才,就是要符合中国特色社会主义这个"大团队"建设的需要。在团队中"接班",跟那种"顶职"或接手家族生意的"班"不一样,顶职曾是我国20世纪70至80年代的知青上山下乡后回城入职的"子承父业"现象,目前除了家族生意可以保留这种现象,在其他国有企业、事业单位基本没有。接班,是为满足社会需求,根据现阶段党的基本路线是"领导和团结各族人民,以经济建设为中心,坚持四项基本原则,坚持改革开放,自力更生,艰苦创业,为把我国建设成为富强民主文明和谐美丽的社会主义现代化强国而奋斗",要实现好、维护好、发展好各族人民的根本利益。国务院总理李克强2019年3月5日在做政府工作报告时说,"我们面对的是深刻变化的外部环境。经济全球化遭遇波折,多边主义受到冲击,国际金融市场震荡,特别是中美经贸摩擦给一些企业生产经营、市场预期带来不利影响。我们面对的是经济转型阵痛凸显的严峻挑战。新老矛盾交织,周期性、结构性问题叠加，经济运行稳中有变、变中有忧。我们面对的是"两难、多难问题增多的复杂局面"，"要继续坚持以供给侧结构性改革为主线，在'巩固、增强、提升、畅通'八个字上下功夫。更多采取改革的办法，更多运用市场化、法治化手段，巩固"三去一降一补"成果，增强微观主体活力，提升产业链水平，畅通国民经济循环，推动经济高质量发展"，"提升科技支撑能力，加大基础研究和应用基础研究支持力度，强化原始创新，加强关键核心技术攻关"，"促进发明创造和转化运用"，强调"科技创新本质上是人的创造性活动"，"大力简除烦苛，使科研人员潜心向学、创新突破。加强科研伦理和学风建设，惩戒学术不端，力戒浮躁之风"。趁着这股东风当前各大高校正加快高水平建设，就是要实现高等教育内涵式发展，大大提高对学生在创新创业方面的要求，培养担当民族复兴大任的时代新人，把社会主义核心价值观融入大学生情感和行为，强化他们的社会责任、规则意识、奉献意识。以提高就业质量为契机，促进大学生职业技能提升，符合快速变化的市场需求，积极投身解决结构性就业矛盾，关注政府鼓励创业带动就业的政策，积极投身多渠道就业创业。

高校要好好研究大学生如何才能更好地在社会发展。高校辅导员之所以具有"崇高不可替代的使命"，正是因为"处在思想政治教育最前沿、离学生最近的人""作为学生的人生导师和知心朋友"，又站在第一线指导学生，一方面让社会需求成为导向，一方面促进大学生健康成长，"最了解学生实际困难、思想动态""在高校思想政治工作中不可替代"。从意识形态、行为习惯到情绪情感，辅导员都要细致对大学生进行"地毯式"检查从而指导。晚近,大学生受大量西方文化思潮和价值观念冲击而产生某些腐朽没落的生活态度和政治信仰迷茫、理想信念模糊、价值取向扭曲、诚信意识淡薄、社会责任感缺乏、艰苦奋斗精神淡化、团结协作观念较差、心理素质欠佳等问题。有的大学生的世界观、人生观和价值观受当前社会思潮严重影响,特别是历史虚无主义,居然可以对国家和民族的英雄做出毫无情感的贬损,还有极个别斗胆公开发表可以不爱国的言论,最后也因此被学校作退学处理。在互联网时代,随着大量信息的互联互通,社会问题也在一定程度上冲击着"象牙塔",个别大学生确实存在一些被社会所诟病的缺点,如缺乏自信、做事激情不足、行动不够彻底、学习不够刻苦,看事情片面抓不住主要矛盾,总想得而不予、不善倾听不够谦虚、容易情绪化。

二、辅导员在意识形态引领中的责任担当

马克思恩格斯在《德意志意识形态》中说:"全部人类历史的第一个前提无疑是有生命的个人的存在","可根据意识、宗教或随便别的什么来区别人和动物"①,"个人怎样表现自己的生活","这取决于他们进行生产的物质条件","生产本身又是以个人彼此之间的交往为前提的。这种交往的形式又是由生产决定的"②,"思想、观念、意识的生产最初是直接与人们的物质活动,与人们的物质交

---

① 马克思,恩格斯. 德意志意识形态 [M]. 北京:人民出版社,2003:11.
② 同①:12.

往，与现实生活的语言交织在一起的"①，"生活决定意识"②，"共产主义的体系、评论和论战性著作""是现实运动的表现"③，"如果资产者告诫无产者说，他的（无产者的）合乎人性的任务就是每天工作 14 小时，那么无产者完全有权用同样的语言类来回答：他们的任务倒是要推翻整个资产阶级制度"④，"对于'真正的社会主义'说来是再容易不过的，是因为它所关心的既然已经不是现实的人而是'人'，所以它就丧失了一切革命热情，它就不是宣扬革命热情，而是宣扬普遍的人类之爱了"⑤。在中国，我党带领全国各族人民取得新民主主义革命胜利，建立了人民民主专政，40 年来改革开放又取得了举世瞩目的成果，"勇于自我革命已成为我党最鲜明的品格"⑥。

意识形态教育一直是我党极其重要的一项工作，受马克思主义指导，体现社会主义制度优越性随着社会不断发展，社会主要矛盾从阶级斗争转移到经济建设上，从人民日益增长的物质文化需要与落后的社会生产之间的矛盾转为人民日益增长的美好生活需要和不平衡不充分的发展之间的矛盾。而政治属性始终是意识形态的首位，坚守对大学生意识形态领域的政治指导是作为中国特色社会主义高校教育者和管理者的职责，就是要推进马克思主义中国化时代化大众化，与中华传统优秀文化一道，加强社会主义核心价值观建设，把习近平新时代中国特色社会主义思想引领全体大学生构建正确的、

① 马克思，恩格斯. 德意志意识形态［M］. 北京：人民出版社，2003：16.
② 同①：17.
③ 同①：85.
④ 同①：89.
⑤ 同①：86.
⑥ 习近平. 牢记初心使命，推进自我革命［J］. 求是，2019（15）.

科学的、社会主义理想信念、核心价值观和道德观念。建设中国特色社会主义文化，不应被立场不明甚至错误的言论动摇了价值立场，警惕反马克思主义和历史虚无主义，坚持正确的舆论导向，落实意识形态工作责任制，同时也应注意区分政治原则问题、思想认识问题和学术观点问题，旗帜鲜明地反对和抵制各种错误观点，但也保护一些学术研究观点。坚持富国和强军相统一，坚决维护国家主权和领土完整，实现中华民族伟大复兴。坚持"一国两制"，推进祖国统一。进而实施"一带一路"倡议，为构建人类命运共同体贡献中国智慧和中国方案。

党自十八大以来，把"立德树人根本任务"作为我国教育发展的基本方略，党的十九大再次明确"优先发展教育事业""要全面贯彻党的教育方针，落实立德树人根本任务，发展素质教育，推进教育公平，培养德智体美劳全面发展的社会主义建设者和接班人"。既明确了教育目标是"树人"，树"社会主义建设者和接班人"，又表明了具体路径，"立德"是通往目标的必由之路。就是那些正确的政治观念和良好的道德品质以及正确的世界观、人生观、世界观、价值观，树立总体国家安全观，维护国家安全，严密防范和坚决打击各种渗透颠覆破坏的暴力恐怖活动、民族分裂活动、宗教极端活动，"建设社会主义精神文明，实行依法治国和以德治国相结合"①。

辅导员的职能是确保高校意识形态教育和校园维稳，包括在日常指导学生、关心学生、服务学生，为学生心理健康素质养成开展的社会实践、校园文化体育竞赛、志愿服务等活动。中央2004年16

---

① 《中国共产党章程》。

号文、教育部 2017 年 43 号令已明确规定并完善了高校辅导员的工作职责，其与思想政治理论课老师虽是两种截然不同的工作状态，不直接在课堂上直接传授知识，但多年来也为思想政治教育工作积累了大量经验，其职业标准已日渐清晰，使辅导员工作的学科专业特性也在不断显现。随着高等教育扩招，精英教育已然向大众化教育转变。随着互联网的互联互通，大学生的思想问题日益复杂，不平衡不充分的现实问题不断涌现，如何更科学地妥善处理这些问题促使辅导员工作更需要专业化和系统化，有目的、有计划、有反馈地提出清晰可行的思想政治教育技术路线，以稳固地获得更加符合国情需要的工作效果。

三、市场化经济转型对人的心理素质需求

一千个大学生有一千种成长，但归根结底也还是围绕以经济建设为中心，坚持四项基本原则，坚持改革开放，自力更生，艰苦创业，为把我国建设成为富强民主文明和谐美丽的社会主义现代化强国而团结奋斗的人才培养。当前我国经济进入新常态，经济运行保持在合理区间，已由高速发展转为向高质量发展，而且"里程碑式"的重大科技创新成果不断涌现，比如，天宫、蛟龙、天眼、悟空、墨子、大飞机、嫦娥四号等，节能环保、新兴信息产业、生物产业、新能源、新能源汽车、高端装备制造业和新材料等新兴产业蓬勃发展；供给侧结构性改革不断深化，实体经济活力不断释放，传统产业加快转型升级、大众创业万众创新深入推进，国家强调对实体经济与人工智能融合。因此，辅导员在学生的日常教育管理中，要有

意识地培养知识型、技能型、创新型"劳动者大军",弘扬劳模精神和工匠精神,以劳动为荣、精益求精。教育大学生维护国家统一和全国各民族团结,厉行法治、尊法学法守法用法、常修政德、团结奋进,高举中国特色社会主义伟大旗帜,弘扬中华优秀文化立场,面向现代化、面向世界、面向未来,坚持创造性转化、创新性发展,加大生态系统保护力度。我党在遵循市场规律的同时也充分发挥政府职能,让"看不见的手"和"看得见的手"都有力运作起来,还"因地制宜、优势互补",坚持对外开放,坚持不懈开展西部建设,创新性开展京津冀雄安新区建设和长三角以及粤港澳大湾区建设,积极开展"一带一路"建设,为构建人类命运共同体努力。在这些大政策大背景下,每一个人都要动起来,高校就是通过形势教育课、思想政治教育课及时把党和国家的主张传播给每一位学生,辅导员就是配合开展对学生补充进行思想政治教育,不断鼓励和动员学生关心国家时事政治,认清新时代的发展趋势,教育学生坚定制度自信、道路自信、理论自信和文化自信,积极投身社会主义现代化建设。十几年来,高校教学资质反复评建中,我作为辅导员感悟到高校学生创新能力培养是具有重大时代意义的,为增强学生创新意识,辅导员这个岗位是可以发挥力所能及的作用,需想方设法动员学生积极参与创新创业,鼓励并指导大学生培养创新精神和创业精神。由于科研创新并不需要与毕业挂钩,一开始只有寥寥数人参与,只是那几个对科研略有认识的爱好者百折不挠地尝试,到目前已发展到60%以上的本科生科研参与率。培养创业精神也可以从最初的零星几位孜孜以求具有超前思维和奉献精神的专家学者充分支持和配合做起，利用假期时间，通过职业规划就业指导课程的方式和学校给予的奖励资金开启实验室研究、社会调研和行业调查等，从而逐渐激发出越来越多学生的潜能。经过多年来的努力和坚持，大学生科学研究成果已颇具竞争力，屡屡在参加省市级"挑战杯"大学生科技创新创业等活动中斩获佳绩。随着领导关心，发文、资金等保障制度逐渐到位，大学生科创活动周期性地运行起来，使越来越多的专家学者们从原来的怕麻烦和不理解，发展到主动重视加入培养本科学生科研创新能力的"导师库"系列，团学组织对科研创新工作也一年一年地接棒成长，学生干部相关的组织、策划和协调能力也日渐成熟，在这样的状态下，又迎来了教育部更高的要求。2015年国务院办公厅发36号文《关于深化高等学校创新创业教育改革的实施意见》，2016年国办发28号文《促进科技成果转移转化行动方案》以及2017年国办发95号文，旨在全面深化高校创业教育改革，目的是要到2020年建立健全"课堂教学、自主学习、结合实践、指导帮扶、文化引领"一体化的高校创新创业教育体系，促进"大众创业、万众创新"，打造经济发展新引擎，推进经济转型升级、培育经济发展新动能。辅导员是"春江水暖鸭先知"的先锋，了解到新风向，就要积极引导学生新气象，在加快训练大学生科新创业上应不断出现新思维，如培育创新成果转化意识、提升以创业精神为主导的综合素质已势在必行，目标已不旨在科研创新，更意在创业！更高的境界是要学会开拓发挥人才优势的舞台和渠道，在为基础设施建设、环保建设、慈善公益事业中出谋献策，在即将到来的全面建成小康社会基础上乃至未来30年全面建成社会主义现代化强国的美好追求中，把稳就业与宽就业相结合，更要把个人梦与中国梦融合起来。在这样的形势下，辅导员不能停步，也停不了步，围绕教育部、省市和学校的工作任务，逐一认真落实，不走形式主义，通过思想政治教育，把创新创业的意识真正"注"入每一位大学生的心中、脑中和行动中，在实际工作中不断解决好大学生在创新创业过程中一连串"找项目难、找指导老师难、实验难、经费难、出成果难、成果转化更难"的连锁心理反应。世上无难事，只怕有心人，正因为难，我们高校大学生作为前沿的群体就要勇立潮头，做时代的弄潮儿，主动挑起重担，不要"苦等"，而是要"苦干"，在新一轮供给侧结构性改革中"适应新常态、把握新常态、引领新常态"，向高质量经济发展迈进！

四、个体自觉与团队发展相一致

自觉，是公认的最大"内驱力"，正如家长喜欢自觉的孩子、老师喜欢自觉的学生，单位喜欢自觉的员工……一个人只要自觉，所有一切都将变得井然有序、和谐美满，这是人作为具有本体论意义上的人的独特之处。但是自觉不是一蹴而就，而是靠点滴积累。所谓"自觉"，是指个体在事物中自我觉悟、自我察觉、自我觉醒，是无意识、有意识和自我意识等综合机制共同运行的产物。美国心理学家格塞尔提出成熟学说，认为人的身心发展是有一定顺序的，这种顺序是由先天因素决定的，到了一定年龄，就会做到那个年龄的事情，言下之意，不到这个年龄，机体这方面的能力没有成熟，即便去提前训练，也是事倍功半。不可否认，人群中确实有个别人特别自觉，很可能是集体氛围的成熟因素使然。美国乔姆斯基认为人的语言有"生发器"，论证了能力有天赋性和创造性，认为人的语言有内在的先验语法系统，通过"转换—生成"从而表现出创造性。思维与语言同属于人的意识的两个重要部分，人们对思维的理解通常为："人脑对事物信息进行逻辑推导的属性、能力和过程"，表现为采用何种理论进行思想，思想是心理活动的过程，思想的结果可以是某种行为，也可以是某种言论。思想觉悟高的个体十分注意在言行举止上体现自觉、语言也比较慎重，能自我觉察自己的言行是否合目的、合规律，对出现偏差的思想能自我觉察进而改进。言行举止得当源自正确的思想，"正确的思想哪里来？"自觉的行动如何养成？首先要有正确的认知，就要有先进的理念指导思想，我党从最初只有 50 多人的政党，发展成今天成为一个拥有九千万党员的世界上最大的政党，是以马克思列宁主义、毛泽东思想、邓小平理论、"三个代表"重要思想、科学发展观以及习近平新时代中国特色社会主义思想先进理论作为行动指南的党。在十七届四中全会中我党提出建设"马克思主义学习型政党"的重大战略任务，2010 年 2 月中共中央办公厅印发了《关于推进学习型党组织建设的意见》，明确每一位党员要增强学习马克思主义、实践科学发展观、践行社会主义核心价值体系以及掌握建设社会主义现代化国家的各方面本领的自觉性。大学生不仅仅党员都要自觉接受"中国特色社会主义话语体系"，把先进理念先进思想同化到自己原有的知识结构环，整体提升思想觉悟。2016 年 2 月，中共中央办公厅印发了《关于在全体党员中开展"学党章党规、学系列讲话，做合格党员"学习教育方案》，十九大后，"两学一做"继续常态化制度化，并且建立了"学习强国"学习平台，贯彻落实习近平总书记关于加强学习、建设学习的一系列大国重要指示精神，推动全体党员营造起学习的氛围，强化了理论武装和思想教育的创新探索。其次在实践中反复训练，"罗马不是一天造成""养兵千日用在一时"，要养成学生"自觉"，还需要开展多元化活动，搭建"平台"综合提升"政治领导力、思想引领力、群众组织力、社会号召力"，要锻炼"自我净化、自我完善、自我革新、自我提高"的能力素质，聆听新时代声音，坚持真理、修正错误，不断认识规律，不断创新创业。进入新时代，不仅仅学生党员，每个大学生都要"登高望远、居安思危、勇于变革、勇于创新、永不僵化、永不停滞""迎难而上、开拓进取"、贯彻"创新、协调、绿色、开放、共享"的新发展理念；对标社会主义核心价值观的要求，从国家层面强调"富强民主文明和谐"，从社会层面要求"自由平等公正法治"，从个人层面则要求"爱国敬业诚信友善"。辅导员要经常深入大学生课堂学习、社团活动和社会实践中检查他们的日常表现，尽可能全面去了解学生的精神面貌，动员大学生要增强社会使命感，树立总体国家安全观，积极为构建人类命运共同体而贡献力所能及之力。通过视频或学习会，教育大学生认识和体会"开放创新、包容互惠、和而不同、兼收并蓄"的重要性，要从小事做起、身边事做起，立志于成为"世界和平的建设者、全球发展的贡献者、国际秩序的维护者"。要在人际交往中完善"三观"，比如在评优评先中形成正确的"义利观"。再次要有效地检查，以学生党建作为抓手之一，考查学生在递交申请书、确定积极分子、确定为发展对象以及入党后继续教育和考察的各个环节中的细致、全面、严谨且标准化，检查教育方式与教育对象是否功利化？是否形式大于内涵？在关键的时刻是否敢于挺身而出？以党建带团建突出教育功能，尤其上好大学第一课——军训，以军队为榜样，听党指挥，培养"呼之即来、来之能战、战之能胜"的优良作风。引导学生培养关键性能力素质、核心素质和竞争素质，使党员不仅自身进步，也带动起集体进步，走好群众路线。日常锻炼学生干部经常与同学讨论，处事公平、公开、公正，不畏艰难，"保持永不懈怠的精神状态与一往无前的奋斗姿态"，最终，核查所解决问题的效果与团队目标是否相一致。

五、中华传统文化瑰宝"四大名著"里的心理健康教育蕴意

辅导员要实现对大学生的综合教育，就要上好心理健康教育课、职业规划与就业指导课，也要争取上一些专题的思想政治教育课程、形势和政策教育课程。这些课程之间有一定的联系性、逻辑性、时效性，而且还有阶段性特点。辅导员和思政课专业老师关注的焦点不一样，前者根据每个年级的特色进行，比如低年级学业相对较轻，可以通过开展校园文化活动分析大学生的心理活动机制从而促进个性完善。还注意某些活动的时效性特点，比如形势和政策，与大学生密切相关，不能总是以专业课繁重为借口而允许他们两耳不闻窗外事而错过对国内外环境的考察和分析，形势是利好还是转向，大学生要学会不能与社会割裂脱节。我们在指引大学生怎样走好人生之路的时候，就要让他们知道前人曾经怎么走，现在正准备怎么走。思想政治理论课老师会向同学们介绍中国近现代史、中国革命史、

中国共产党史、中华人民共和国史、中国改革开放史等历史知识，学史知兴衰从而激发学生树立起共产主义远大理想和中国特色社会主义共同理想，引导学生感悟社会主义制度的优越性从而增强学生的中国特色社会主义道路自信、理论自信、制度自信、文化自信。习近平对"文化自信"有过多次论述："增强文化自觉和文化自信，是坚定道路自信、理论自信、制度自信的题中应有之义"①，同学们在肩负中华民族复兴的时代重任中责无旁贷。辅导员可从"爱国敬业诚信友善"的个人层面上培养厚植于中华传统文化的价值观，这是对我国五千年文化精华的弘扬和运用。又如"四大名著"是我国传统文化的瑰宝，是中国文学史上的伟大丰碑，是世界宝贵的文化遗产，有着极高的艺术成就，其中的深刻蕴含为历代读者所推崇，名著中细致刻画的故事、场景、人物早已经耳熟能详且已深深地影响着一代又一代中国人的思想观念和价值取向。辅导员可以让那些早已成为每个国人日用而不觉的价值观再次升华，比如《水浒传》警示"一子错满盘皆落索"，所有忠孝仁义都输在了摇摆不定的立场上；《三国演义》是战术战略大全；《西游记》呈现了成功团队奋斗史；《红楼梦》提醒人们各种致命短板。四大名著教给人们辩证地看待各种得失成败，一旦缺乏底线思维，一失足则陷入万劫不复，但是身处劣境时应百折不挠的道理，应尽可能避免各种悲剧重现。把那些已然构成中国人独特精神世界的中华传统文化重新拿来析出新的思想蕴含、人文精神、道德规范，激起"象牙塔"内清高的学术氛围，注重发扬学术民主守正创新，杜绝学术造假和学术腐败，校

---

① 习近平 2014 年 10 月 15 日在文艺工作座谈会上的讲话。

园文艺作品应既创新又传承，坚持"①与时代同步伐②以人民为中心③以精品奉献人民④用明德引领风尚"，自觉抵制低俗、庸俗、媚俗，保持高水平创作。随着改革开放的大门越打越开，我国的留学生与日增多，我国高校大学生也走出国门，日益走近世界舞台的中央，因此应引导大学生加强中外交流，以我为主、兼收并蓄，既做先进文化的积极引领者和践行者，又做中华优秀传统文化的忠实传承者和弘扬者，担负起新的文化使命，在历史进步中实现文化进步。我们既有传统文化精神瑰宝，又有革命制胜的井冈山精神、长征精神、延安精神、西柏坡精神，还有艰苦奋斗的雷锋精神、大庆精神、两弹一星精神，更有撼动人心的航天精神、北京奥运精神、抗震抗疫救灾精神。这些恢宏气质的富有时代特征和民族特色的宝贵精神财富，助党和国家带领全国人民"决胜全面建成小康社会"，继续踏上"全面建设社会主义现代化国家新征程"，进而向"富强民主文明和谐美丽的社会主义现代化强国"的目标努力奋斗，最终实现中华民族伟大复兴的"中国梦"。"行百里者半九十""绝不是轻轻松松、敲锣打鼓就能实现的"，我党正"准备付出更为艰巨、更为艰苦的努力"，辅导员可在课程教学和活动中提醒大学生"有理想、有本领、有担当"，接力奋斗，把"中华民族伟大复兴的中国梦变为现实"。辅导员在指导大学生仰望星空的同时，也引导学生脚踏实地，为他们的成长成才搭建"出彩的舞台"，既学会平静对待如约而至的成功，又要坦然面对令人措措手不及的失败，百折不挠、驰而不息。

六、打造心理健康教育的生态系统

我国对人才的培养一直重视劳动锻炼，在要求"德智体美劳全面发展"中，对"劳"的要求就是指"劳动观念和劳动能力，即劳动习惯良好，能够艰苦奋斗、勤俭节约。"人与自然是生命共同体，应遵循自然规律，牢固树立社会主义生态文明观，推动形成人与自然发展现代化建设新格局。劳动，是为了创造更多的物质财富以及随之而来的精神财富，以满足人民日益增长的美好生活需要，但应提供更多的优质生态产品以满足人民日益增长的优美生态环境需要。节约资源、保护环境，倡导简约适度、绿色低碳的生活方式，反对奢侈浪费和不合理的消费。

讲求生态环保，比如前面已讨论引入此理念解决校园内过度使用手机的现象，引导大学生从多角度认识上网的价值，一方面是积极的，很多信息可以通过手机发布，实现"无纸化"办公，还可以大大提高效率。这但另一方面需要约束和改进的，即学生过度使用手机、数码产品，使手机的功能异化为游戏、电影、占卜、购物和交友等，功能不断增加促又使手机更新换代，日以继夜使用手机容易引起生活作息混乱，外卖和网络购物成风，过于频繁使手机还占用了大量网络资源，总会出现网络空间被占满影响了重要项目开展的时候，而网购消耗的资源也依然没有省下来。十九大报告对于生态文明建设和绿色发展高度重视，既要满足人们日益增长的美好生活需要，又要让绿色、生态成为生活消费的新导向，从生态文明的角度对手机加强生态管理是从过度上网的危害认识开始，对过度使用网络和异化网络功能应形成广泛的舆论批评，大力弘扬建设和维护网络生态的个人价值观和行为取向。辅导员还可组织入党积极分子在第二课堂活动中参观校外爱国主义基地、举办主题班会讨论学习党的相关理论知识、积极参加环保相关的展览活动，培育和践行社会主义核心价值观，激发建设美好家园的愿望，引导把环保作为建设健康校园的主题文化，文化熏陶，不仅包括废物利用和垃圾分类，更要认识垃圾处理潜在的价值，为生态文明建设营造多元的、浓厚的氛围。在制定生态文明相关的规章制度，发挥强大的明令禁止权威力度，同时加强以政治建设引领，刚柔结合，即增强舆论功能和心理疏导，在条件允许时，给予高科技经费保障，使问题解决更有效一些。尽管有时候并不能立竿见影，但"久久为功"，依然要靠思想政治教育作为保障措施定期进行。通过制度和经费保障活动的开展并非功利主义，正如科研创新、公益志愿服务，仍然需要争取充足的经费支持。合理使用经费有助于生态文明建设，应改变关于生态文明建设、公益志愿服务事业和心理健康教育无须成本支持的错误观点。人际关系与经济不能脱离关系，经济与社会的逻辑关系在马克思主义中有一系列的观点论证支持，《1844年经济学哲学手稿》中论述："如果我实际没有进行研究的本领，但我有愿望和货币，那么我也就有进行研究的有效本领"，"你对人和对自然的一切关系，都必须是你的现实的个人生活的、与你的意志的对象相符合的特定表现"①。当校园手机异化现象日益严重时就要意识到生态文明建设有可能也面临冲击，一方面通过政治文化氛围引导，另一方面还需要立项资助和经费支持，通过支持和保障培育出发展的生态文明理念，从而找到更有效的突破口。

_____

① 马克思.1844年经济学哲学手稿［M］.北京：人民出版社，2000：145.

第十三章

大数据时代谁来占领网络心理的制高点

　　网络，一开始被定义为虚拟的世界，实际上，随着广泛的互联互通，正真实地渗透到人们的学习、工作、生活中，如城建、金融、娱乐乃至"一带一路"建设，网路力量看不见但难以置信地已成为现实世界的"搬运工"，对现实世界正做着非常重要的补充。其实，网络已不再"虚拟"，功能也远不止看图像和视频这么简单，而是还可以完成现实世界不能完成的任务，比如世界范围内的瞬时交流，大有金庸笔下的"乾坤大挪移"之势，所以网络是异化的工具，跟信鸽、纸笔、马车、飞机、汽车一样，实现人类代步、信息交流的功能，信息交流又促进了资源"共商共建共享"，最终的结果是资本的重新配置，反过来又促使网络功能的进一步异化，新的功能层出不穷，比如生产功能、销售功能，正实质性地推动着经济发展。网络上信息交易、网络赚钱平台雨后春笋般冒出来，监管措施相对滞后，但已在持续不懈地陆续出台中，但增长的速度比不上这些赚钱平台快，这里面鱼龙混杂，有合法的和不合法的。随着网络的生产功能不断开发，网络商城、物流相继发达起来，马云、马化腾具有超前意识，把生产规律及早地与网络结合起来，产生了网络"产业链"，呈海纳百川之势，可在短瞬间把资源重新汇集洗牌、重整，不仅赚回了"第一桶金"，还可持续地"圈金"。随着网络生产功能的发展，网络文化功能也催生出来，网络语言把现实世界的语言障碍毫不犹豫地清除了，却又建立起"线上＋线下"的大文化氛围，这些语言，一方面促进了信息交流的功能，一方面又促进了生产的功能。特别值得一提的是"情人节"产业链，成功地、充分地把人类爱的情绪与"生产"捆绑在了一起，而且还不断开发扩展。君不见，早在20年前，2月14日情人节还只是西方的一个小文化，中国人也只是蠢蠢欲动地学点皮毛。然而就在这二十年间，"情人节"文化已全覆盖、产业化，全年366天，月月皆有"情人节"。如中国元宵节、国际妇女节、不同国家和地区的女儿节、西方愚人节（爱，请表白）、母亲节、白色情人节、黑色情人节、每个月份的14号、国际儿童节、中国乞巧节、光棍节、圣诞节、感恩节等都被一一开发成"情人节"，以及，在情人节和互联网商城的充分配合下，催生了"双十一、双十二、圣诞购物节"等。随着世界各地的节日文化的不断交流盛行，影视、文学领域悉数被情爱题材占领，网络充斥着大量的美女图片和情欲情景，大有"点子不够性来凑"的现象。人们之前的各种困惑，特别是情感需求，确实在网络找到了寄托的地方，使之从原本现实世界的爱向原本虚拟的网络"乾坤大挪移"了，已逐渐把人的欲望和爱的情绪不断公开化、扩大化、产业化，使人的思维在网络中也不知不觉中被重置了、异化了。

　　手机是帮助人们思维的工具，是网络的"载体"。由于携带方便，功能应有尽有、开发无穷无尽，才短短几年，就从众多媒介中脱颖而出，远胜于电报、电话、收音机、随身听、电视、电脑、平板等信息传播工具，毫不夸张地说一句，手机几乎已成为多媒体的化身，妥妥地成了网络资源的霸主。在不久的将来，随着量子科技与计算机的快速结合，手机的发展不仅体现在功能的开发上，而且在形式上也将发生颠覆性的变化。目前，在争夺网络资源的战斗中，手机已然成了最大的赢家，据张维为等学者的观察，"90后"有一出国就爱国的现象，很大原因是国外的手机文化比不上国内随意所致。可见，新一轮的资本以手机作为工具的"圈地运动"正在上演，苹果和华为的手机大战，看似品牌之争，实则资源网络之争，是中美文化之争和政治博弈。

网络的功能绝不可顾此失彼，其政治功能正在提速发展。网络对人的导向性威力之大可使人在其中丧失人之所以为人的主动思考。因此，跟现实世界一样，随着网络经济、网络社区、网络文化的不断发达，网络边界、网络政治和网络生态正应运而生。正如柏拉图在《理想国》谈到，each government has its law framed to suit its own interests（每个政府都会框定自己的法律以适合自己的利益）。可喜的是，我们党高瞻远瞩，对网络的认识已上升到"阵地"的水平。习近平总书记在2013年8月召开的全国宣传会议，"很多人特别是年轻人基本不看主流媒体，大部分信息都从网上获取。2016年4月在网络安全和信息化座谈议，"从社会发展史看，人类经历了农业革命、工业革命，正在经历信息革命。必须正视这个事实，加大力量投入，尽快掌握这个舆论战场上的主动权，不能被边缘化了，要解决好'本领恐慌'问题，真正成为运用现代传媒新手段新方法的行家里手"。2019 年 1 月在中共中央政治局第十二次集体学习时又谈到，"我们要因势而谋、应势而动、顺势而为，加快推动媒体融合发展，使主流媒体具有强大传播力、引导力、影响力、公信力，形成网上网下同心圆，使全体人民在理想信念、价值理念、道德观念上紧紧团结在一起，让正能量更强劲、主旋律更高昂。"不容置疑，网络对人的主导作用已非常明确，不留余地地笼络了年轻人的心理，信息革命势在必行。

　　大数据（Big Data），实质上具有反网络主导的"本领"，是信息革命不可或缺的科学武器，海纳百川，涵盖了学习、生活与工作的每一个细节，规模巨大不可能由人手工快速收集和处理，同时也解决了因无法随机抽样导致的数据处理结果存在系统误差的问题。大数据的形成速度相当快，且收集的范围逐渐从"有限"发展成"无限"，可根据任务需求编制相应的程序，程序运行即可获得相应的数据，足够的数据的处理可以瞬间找到事物间的联系，从而反馈到个人或群体，在生活、学习和工作中推动一系列进程，进而从影响人群局部逐渐发展成影响整个社会继而促进人类巨大变革，此谓"大数据时代"。在整个大数据形成的过程中，程序员的作用不容小觑，他的技术水平决定了一个程序是否科学且可持续性的事情，然而，编程的源起和目标设定仍然是实施者的任务。在大学，主要大数据汇总处理者除了程序管理员和原初数据处理员，其余就是辅导员。但辅导员首先要解答好"为什么要设定程序？要从哪些方面收集数据？数据最终以什么形式呈现"等一系列问题。如果没有辅导员根据日常的工作需求罗列出具体的、可操作性的目标，以及在实施过程中不断反馈修改意见，程序员就发不出具体的、切合实际需求的指令，辅导员与程序员是一体化建设，以辅导员为主导，程序员技术为辅。因此，在现阶段高校，反网络主导应是辅导员在程序员的帮助下运用计算机程序收集大数据后，在大数据的辅助下形成网络思想政治教育的制高点，从而指导学生思想教育、行为指导、心理调适。帮助学生释疑解惑、掌握学生思想动态，最终实现有效的思想政治教育的过程。

一、谁才是"网络原住民"？

据百度百科的资料显示，原住民，又称为土著，"是指某地方较早定居的族群"。在高校，大学生被诟病得最多的就是过度使用手机，每天睡觉前总要刷一下屏，放在枕头旁边充电，早上醒来第一件事就是看手机，走路看、上洗手间看、吃饭看、上课看、假期聚会看，每天 24 小时只要是清醒的状态，都是在看手机。原因有几个：1. 高校的学习跟高中以前的状态不一样了，没人在旁"一对一"盯管；2. 手机携带轻便，却功能强大，随时随地搜索资料，连台式电脑也几乎被取代；3. 手机趣味性强，可随时随地调出自己喜欢的音乐、游戏或小说；4. 社交平台宽广，可随时随地跟好朋友、不同的人甚至陌生人同时聊天且可以不间断进行，各种新闻奇闻趣闻短视频给人冲浪般愉悦和刺激的感觉。有的大学生甚至足不出户，靠快递送吃，绑着手机就能度日，仿佛他们住进了手机活进了互联网。自 1986 年中科院与欧洲物理高能所发出第一封电子邮件标志中国互联网的开通至今，互联网的使用已从最初的科研领域走进普通高校再到普罗大众，据《中国互联网发展报告2018》数据显示，截至2017年年底，中国网民规模达7.72亿人，普及率为55.8%，人均周网时长为27个小时，中国手机网民规模达7.53亿人。要问真正的网络"原住民"是谁，其实是那全国2956所高校的13万专职辅导员。因大学生在高中以前使用手机受限，上大学后变得分秒必争地上网，充其量只算"网络常驻民"。因此辅导员才可以关注到大学生的网络心理，首先是因应需求的增加呈现"代偿性"增多，其次是受"猎奇"心态触动全网浏览，再次是探究问题，如果这些心态得不到合理合适的干预，最后会"成瘾"。近年来网络成瘾的现象有明显增加的趋势，医学界对此并未统一认识，有人把它称为"网络的病理性使用或过度的使用"，是对网络依赖和习惯的状态。而卫生部门提出了新的概念，认为"网络成瘾"只是网络使用不当，包括网络色情成瘾、网络关系成瘾、网络购物成瘾、网络游戏成瘾等，这些表现多跟人的心理素质有关，不应忽视网络背后的心理健康问题。在实际工作中，我们不能单纯地把学生网瘾现象直接与学业成绩下降、社会功能的减弱直接构成因果关系，这样只会把真实的原因重重掩盖起来，最终不仅"网瘾"得不到纠正，学业成绩和社会功能也没有提升。要解决网瘾现象，仍然建议将之列入心理健康教育，"从政治、经济、文化、社会和生态"五位一体的模式开展高校的网络使用综合治理。对出现明显成瘾且社会功能受损甚至累及学业成绩的个别学生，也不主张列入精神病范畴，但是可以进行专业的行为纠正治疗，包括认知疗法、操作性的强化法等，如果伴随抑郁症状或焦虑症状、强迫症状等，可以配合药物治疗。

二、网络心理干预的本质是意识形态教育

加强互联网"五位一体"建设，建立高校网络综合治理体系，是要从宽度广度深度达到开发互联网育人功能的目的，把干预网络心理作为着手点，但最终仍落足于意识形态教育，思想政治教育首先就是为意识形态服务，就是要关注我们的大学生在上网的时候不要天马行空、为所欲为，要感受到强大的约束力和政治权威导向。张澍军老师在《学科重要理论探索，我的18个思想政治教育见识见解》中论述"思想政治教育的核心是人的精神世界建设问题""就是规范、规约一个人的精神世界""并不是越俎代庖，以政治教育取代思想教育和道德教育""而是以政治规范为枢纽，对其他几个方面的教育进行某种选择和筛定""发挥'政治'在思想政治教育中的规范作用、整合作用和主导作用"。① 所以，网络心理健康教育也是政治的规范、整合和主导的发展过程。而网络心理实则是人们在面对一个发展迅速、功能强大的工具时继发的精神和思想状态。这种心理不可能再停留在工业时代，正如人们从青铜器时代走向铁器时代进而蒸汽时代一样，到如今进入互联网时代，正在全力以赴进入大数据时代，人们面对日益突破国家和民族的界限而不断密切联系起来所形成的认知、情绪情感、行为和意志等方面，当互联互通到达极致状态时，这些心理反应乃至危机干预却是滞后的，效果是参差不齐的，甚至是异化的，在新的主导力量下又会发生解构和重建，这个新的"主

---

① 张澍军. 学科重要理论探索，我的18个思想政治教育见识见解［M］. 北京：中国人民出版社，2018：22 – 25.

导力量"必是意识形态性，明确而言，网络心理干预，又是一项系统工程，其实质就是新时代结合国内外形势的意识形态教育。

"凡是有某种关系存在的地方，这种关系就是为我而存在的。"①校园里已然不是"三点一线"，师生关系、宿舍关系、班级关系以及各种社会关系，提示了人对事物的把握已不能停留在时间和空间两个维度，还要注重"人主要通过生产实践与自然发生关系，而角色道德完全占有和涵盖了全部生产实践领域"②。互联网的广泛普及，使"社会关系"越来越清晰地成为"第三维度"，使人的角色道德教育也亟待加强。比如教育部发动的网络"易班"大学生社区平台，各省、市党团组织开发的微信公众平台，以及学校、老师根据自己实际情况开发的各种工作平台、微信号、微博、工作空间等，帮助大学生展示教育教学成果、丰富多彩的校园文化活动等，这样可以发挥校园文化育人功能、加强校际的互动交流，也提高了思想政治教育的时效性。互联网把线上线下作用结合起来，把教育理念及时放在实践中体现，提高大学生解决自身和他人问题的能力，学会站在他人的角度，从更高、更深的层次去认识事物的本质，需要不断增强责任意识和奉献精神；坚持以社会问题为导向，开展校园文化活动、志愿服务活动、社会实践活动、科研创新创业活动，召开主题班会、个别谈话等促进道德教育，促进教育的潜移默化最终目的是要把教育理念内化为学生的自觉行为。目前网络的针对性教育还不足，真假信息、网络游戏几乎像空气一样无所不在，使人难辨真

---

① 马克思，恩格斯．德意志意识形态：节选本［M］．北京：人民出版社，2003：25.
② 林晶，邱德亮，张澍军．思想政治教育中角色道德问题研究［M］．北京：人民出版社，2015：75.

假、不抵诱惑，学生在网络上当受骗的例子也屡见不鲜，而且网络游戏的繁荣也荒废了学生大量创造价值的时间。可以开发一些网络工作平台介入学生的生活和学习，随时随地上网接受深度教育，比如以政治事件、校园生活和学习中的两难事件为讨论主题，利用电子模拟、情景剧表演、实验性场景测试、漫画等方式，设计选择题库，同时也安排开放性作答在学生当中引导适当讨论，必须注意保护隐私、安全上网为前提。总之，网络阵地需要思想政治教育去占领、去发挥政治优势，同时也养成道德意识和法律意识。

新时代网络平台介入思想政治教育，还必须有"大数据"，习近平总书记在 2017 年 12 月 8 日中央政治局就实施国家大数据战略第二次集体学习中指出，"要用好大数据，增强利用数据推进各项工作的本领，不断提高对大数据发展规律的把握能力，使大数据在各项工作中发挥更大作用"。网上开发学生道德水平测试只是一个切入点，还有其他如职业品格、职业素养、职业价值观也可测试，在后台进行数据编码、转化、汇总；还可以记录大学生的人口学基本情况、学业成绩、身心健康自评指标、焦虑忧郁自评指标、压力自评指标；记录大学生参加各种校园竞赛，如公开的场景视频、图片等，可从中考察学生的行为习惯。参加省市、学校的文艺表演、竞赛、科技发明、创新创业等获奖是硬指标，量化可以反映思想政治教育的成效，大数据一旦形成，就可以运算处理，比如可以对道德水平进行描述性分析，拟制"道德水平基线"，还可以通过相关分析阶段性地了解大学生成长规律和预测走势，还可以比较个体方面存在的突出差距，既为大学生提供个性化指导，又可以为教育者提供大学生群体总体情况。这些规律源自实践，可以明显提升思想政治教育的科学性，还可以依据规律作预测性研究，这就大大丰富了思想政治教育的预测功能。大数据之"大"体现在收集并不需要抽样，而且在同一群体可在不同阶段反复测试、不同群体统一测试，反复测试就是顺应形势的发展反复教育、反复检验效果的过程，不断提炼、总结、反馈于教育主体，以提升思想政治教育的时效性。通过设计专门的软件，把握日常各种时机指导大学生填报，在填报的过程中题项可暗示学生丰富的想象，充分发挥教育功能，以及所有参加的活动还可以汇总成个人的"第二课堂成绩单"，这个"第二课堂成绩单"是参考了在上海同济大学的做法，此举已实施多年，学生就业时可以把"第二课堂成绩单"连同"学业成绩单"一同使用。辅导员对学生的考勤也陆续在一些高校中设计成程序，实现在上课现场、活动现场和考试现场随时登记考勤、反馈和教育。把所有这些数据汇总分析处理，可建立起当代大学生思想政治教育的"智库"，为思想政治教育者提供自检自查手段，同时也为检查思想政治教育有效性提供更多的可视性依据。

三、辅导员创建网络工作平台的策略

因此，从掌握和使用互联网的时间以及运用网络的能力看，辅导员才是"网络原住民"。作为大学生心理健康教育的一线人员，辅导员就要通过科学的手段把思想政治教育与网络充分结合起来，使知识的融会贯通科技含量升级到比以往更高的境界。可依据辅导员职业能力标准把网络教育纳入思想政治教育的范畴，分成"建立网络思想政治教育阵地、拓展工作途径创新工作方式、把握网络舆情"

三个方面。

　　从辅导员设置岗位 70 年以来，辅导员工作专业化和职业化是这个行业的期待，更是这个行业经过近 70 年的培育发展的趋势，是在专业化、职业化的基础上还会逐渐形成、稳固发展进入另一个阶段，只要某种事物专业化了，就意味着有专门的人用专门的"工具"做专门的事，而这个专门，正是专业化的特征，把专门的经验上升为专门的学问，从专门的学问又凝练成专门的学科。根据这一特性，辅导员创建"思想政治教育研究实验室"是不会遥远的，是专职实施思想政治教育的"试验田"，以模拟解决各种问题为导向的各种可操作性理论又置于实践中去验证。思想政治课有专业老师，专门介绍理论并考查学生掌握程度，在一定意义上是"开卷人，辅导员专门帮助学生解决现实问题，可以认为是"答题人"，这两种设置是"合目的"的，但却在两者"拉手"的"合规律性"方面有待提高，即理论联系实际，经验上升理论的渠道暂未完全打通。跟行业成立之初不同的是，当今辅导员队伍已总体提升为高级知识分子群体，教育背景虽不同，但基本已经是获硕士学位的人员经过筛选和严格的党政理论和教育理论培训后入职，是掌握先进理念的群体，是具有"问题解决"的工作思路和技术路线的一群人。思想政治教育理论研究需要"大数据"承前启后，需要建立现实问题"题库"，辅导员可通过职业化建设发挥传帮带作用。职业化建设的发展趋于学科建设，不仅从思想灌输直接切入，还可以从大学生日常行为塑造入手，可将各种行为问题分门别类，辅导员队伍把历年来的个案研究采用的多种思维范式和价值观标准分析，汇总、凝练，形成专门的问题解决模式。从"时间、空间和人际"三个维度去考察和解决问题是辅导员常用的工作模式，校园就是一个天然的"试验田"，如果使之成为有实际意义的实验室，可以模拟问题解决的多元技术路线，把思维范式、价值观判断、人际影响等综合因素一一运行演练。还可以在问题解决的过程中创建一套思想政治教育的"话语体系""评价体系"，可以完善收集学生关于人际认知、评价分析、抗挫能力、学习动机、行为习惯等"大数据"，设计相应的软件，建立大学生的思想政治教育"数据库"。由于辅导员的这些工作模式专门化后，"辅导员工作室"随即应运而生，晚近，辅导员工作的状态多元化，但类似单位里职能部门的"科室"的运作模式是部分辅导员团队的真实写照，如果完全职能部门化，那么这个行业的发展方向就出现了行政化，那种360°全方位可逆、可翻转的工作方式又回归为传统的自上而下，主要贯彻执行"顶层设计"理念，以"你打我通"的方式往往气氛沉闷。而辅导员工作室可以既"自上而下"又"自下而上"，拥有更多的"自主设计"权，不仅"打通"学生，还疏导、调适、支持、鼓励学生，大大丰富了"单向性"的理论灌输方式，大学生的想象力会被不同程度的激活，但是辅导员工作室的理念是否可进入顶层设计是需要研究的事情。

东北师范大学张澍军老师曾创新性地引入比利时科学家普里戈金的"耗散结构理论"来深入揭示思想政治教育的特点：这"是关涉和惠及人的精神世界的学问，具有'耗散结构'性即环境依赖性、输入有效性、非均质性、持续波动性、不确定性和输出拉动性。"①

---

① 张澍军. 思想政治教育理论前沿论略［M］. 北京：人民出版社，2015：60－68.

这样看来，思想政治教育的运行是人的思想像散在的水珠在遇到外界条件或要求时发生变化，汇聚成水或升腾成汽，继而在诸多因素的综合影响下循环流动、迂回，达到阶段性的静止，却绝非封闭。其流动、迂回的动力在哪里？就在于"心理"。心理是大脑的功能，人的各种经验都变成信息储存在大脑中，在思维的时候有意识地被提取出来，经过加工、输出，表现为行为。通常最能激起心理反应的是饥饿、不安全、受欺凌、受伤等刺激，谓之"应激"，还有贪心、嫉妒、竞争、猎奇、波折、挫败等等一些心理因素也能让人体验心理不平衡，如果原有的心理平静被打破，易让人躁动起来，很可能引发心理障碍，持续久了就会进入心理疾病的状态。问题解决的那一刻是"静止"的，但仅仅是阶段性的，当思想受到"刺激"又会继续流动、迂回起来，问题解决又进入了下一个循环。因而也可以认为，"舒适、享乐、知足"这些都是人的相对静止状态，是个人的最美好、最幸福的体验，虽并不持久却常常不忍心主动打破，但在新的社会需求或者突发情况下，个人被动打破平静就会体验内心痛苦，而有的仍因为依恋平静的美好想方设法去维持静止，也会有人看得远，追求更美好的体验而主动去打破静止的状态。高校思想政治教育正因为形势需要不仅要保证意识形态教育，还要关注人的精神状态和心理活动，所有教育的施动者和受动者的心理微妙变化都会影响事情的进展，提示教育者应充分把握时机恰到好处地运用"攻心术"，巧妙地、艺术性地动员受动者主动落实思想政治教育措施。辅导员开展工作的时候就是要掌握跨专业知识厚积薄发的能力，应用一种主要的理论体系主导，海纳百川，融合多领域学科知识。按照教育部《标准》要求，辅导员"具备思想政治教育工作相关学科的宽口径知识储备""了解马克思主义理论、哲学、政治学、教育学、社会学、心理学、管理学、伦理学、法学等学科的基本原理和基础知识"，这意味着辅导员职业要求的知识涵盖广泛，除了思想政治教育专业基本理论、基本知识和基本方法、马克思主义中国化相关理论及知识、大学生思想政治教育工作实务相关知识，还有法律法规知识等跨专业知识。跨专业知识就是指不同于思想政治教育领域的其他领域的知识，无论在研究方法或理论运用方面，还是操作技能方面内容均千差万别，共性的地方容易切入，个性明显的地方就需要深入研究才能抵达真理和人本的部分，各学科知识交叉反复运用才熟能生巧、融会贯通，多元知识融合最终派生出新的学科领域。比如心理学与实验相结合后，心理学与生理学、社会学、教育学、计算机等知识逐渐交叉融合，产生了生物心理学、社会心理学、教育心理学、认知心理学等专门的学科领域。按照这样的思路，思想政治教育与心理学也将在知识积累和运用到足够程度的时候，是否可派生出如"思想政治心理健康教育学"的专门学科？既确保意识形态的教育职能，又符合人的心理发生发展转归等特点。而掌握这门科学并实施教育的主体则为辅导员，辅导员的工作内涵作具体几个方面的规定相当重要，通过跨专业知识把辅导员千差万别的教育背景统一起来，在技能方面，在传统的思想政治教育技能比如课堂教育、社会实践、谈心谈话之余，增加量化数据处理、游戏、试验等等跨学科思维和研究，达到辅导员职业规范化养成的目标。

辅导员通过设计专门的软件，把握时机指导大学生填报，填报的过程中也对学生产生一种"罗森塔尔效应",一方面暗示了关心,降低某种现实变化带来的痛苦感受,提升学生的关注,一方面规范了教育的结构化、教育措施的系统化。

深挖网络平台的意义和优势,带上"互联网+"的帽子就是要广而告之,以互联网为依托,创设思想政治教育的监测平台,特别是到了"互联网+""大众创业、万众创新"时代,思政教育工作包罗万象却亟须分类量化与综合评鉴相结合,不断在实践中反复总结提高效果。思想政治教育对不同阶段的学生,就有相应不同阶段的要求,监测指标也就相应不同。比如新生,刚入校的高考分数、道德认知、心理素质、个性爱好甚至心境等等的测评都可以作为新生状态基线。整合后,对群体和个体开展评鉴分析,对数据汇总设置筛查条件。例如,根据长期观察,数学、化学、语文和英语都能提示学生的学习能力和学习习惯,其中,数学分数高可能存在高智商,化学分数高则可能存在高耐力性和吃苦精神较强,英语分数高提示右脑开发得较好,可能存在高情商以及对图片知识更容易接受。数学是智商的体现,分数高派上用场意味着智商高,在创新方面有潜质;化学分数提示归纳能力强、耐心,分数高的学生比较有吃苦耐劳的精神;语文分数高,提示文字逻辑能力强,记背功力强;英语分数高,提示右脑比较发达,对图画资料比较感兴趣,情商较高。可以根据分数及时关注适应不良的学生心理,从分析分数入手,从而有效开启思想教育和预测式心理干预,既需要掌握群体情况,也需要对个人有针对性地开展职业规划、心理健康教育。随着年龄增长、年级提升和学习地点的变化,各种状况又随之发生改变,不同阶段的学业情况和活动表现又可提供新的思想动态线索，相应调整教育措施，发挥家校联系功能，从而提升大学生的思想政治教育效果，把学生的成长足迹进行点滴记录，以助于他们求职应聘时把以往积累的材料均派上用场。

树立"网络阵地"概念，促进思想政治教育工作全员全程全方位无死角，可研发思想政治教育质量监测平台，以收集大数据为初级目标，分解第一个分目标是研究，论证思政教育质量监控指标；第二个分目标是研究大学生心理健康教育相关教材，将思想政治教育的理念贯穿其中，把西方的心理学研究理论置于思政教育理论的框架下应用；第三个分目标就要安排实验班使用这个监测平台，获得我们教育教学所需要的数据，比如群体的学绩比较；个体的认知、行为、思维和遗忘等曲线；在思想政治教育平台创建自助反馈对话框，随时记录学生的满意度和具体意见征集。特别是特定群体作为"实验班"实施教育后，与其他班对照一定时间内会出现哪些积极的变化，还可以结合专业特点，发掘职业核心竞争力等，发挥个性化育人功能。大学新生的第一课是适应大学生活。比如医学生，要适应学习方法的转变，有些学生认死理，以为学医就是理科的思维，理所当然地去抗拒一些需要记背的知识，还有充分的理由去抗拒写作；有一些学生缺少了家人监督使生活变得没有规律；还有一些学生总是觉得自己智商很高，平常不看书，由于参加活动过多，考试变得焦虑，考试出现挂科，个别还出现考试作弊。治理这些现象，可以参考学生的高考成绩连同日常表现而推测其学习习惯和办事风格，再辅以"两难选择"、核心价值观、SCL－90等测试，了解其道德认知、个性、品格和身心健康状况等等，这些"大数据"需要更科学有效的连接起来才能提供了学生比较全面的思想状态，如果通过计算机软件处理数据，还可以得到比较全面反映群体和个人的综合状态的曲线图。待掌握了学生的"状态曲线"后，接着就要帮助学生了解自己的专业思想和从业信心，从而进行职业规划，这是"大数据"的最终目标，辅导员要做的就是分数的统计分析，可以了解该生对职业的认识、是否已经开始规划，还有什么需要完善，最理想的状态就是学生只需要通过计算机账户登陆，就可以接到一些反馈建议，教育工作者可以"线上"向学生反馈，也可以线下约谈个别需要辅导的学生。

发挥互联网直观、即时、方便、传话转发不走样的特色，可考虑设计应用平台和软件但成本高，高频使用软件后就会逐渐降低成本。辅导员应首先明确自己手头上哪些资料是日常需要反复搜集和随时使用的，比如基本信息、参加活动、获奖等，而有一些资料需要处理后再用。所需的资料及时呈现、直观不被错误解读，如网络课程、医学专业的技能培训等，通过动图、视频，在没有老师在场的情况下也能指导学生开展临床学习，还可以通过网络问卷，有组织、有计划地组织学生参与某项调查，也可以把学生分批集中安排到附属医院开展社会调查接触社会，了解行业发展情况。比如两年前，我们组织医学生利用假期时间到各地区医疗机构调查随访，以开放性作答的方式搜集到近 200 条关于医疗行业发展的建议，以结构式问答的方式辅助医学生从调查过程中了解到行业的高要求、严标准。还了解到某些不十分令人满意的比如缺少休息时间等困难，医护人员面对患者的时候不能带自己的情绪。还认识到医疗资源合理分配的重要性，需要政府监管、网络和媒体监督和保障，以及市场发挥促进医院高效运作等作用。利用网络资源，可助力引导学生顺利开展各种专题调研，在调研的过程中发挥自我教育、自我提高、自我反省的作用，既学到一些"调查研究"的方法，也学到了关于行业的相关知识，总之，调查研究是一种很好的系统学习方法，胜于苦口婆心的唠叨。还可以花费一定成本，根据辅导员的实际需要精心打造一个有利于收集学生各方面资料的综合软件，一方面便于长期记录这些信息，随时调阅，还可以个人汇总后生成成绩单。这种可以随时记录随时提取数据的软件，可以在每个学生登录账户后分类进入查阅活动列表以及在公示活动获奖名单时有意识地提醒自己与他人所存在的差距，比如低年级学生应该广泛参加"思想政治教育、科研创新创业、劳动锻炼、社会志愿服务、各式各类校园文化体育竞赛"等活动，对标养成综合素质，提升政治敏感性、组织纪律性和劳动自觉性。高年级学生活动涉及较多的就是专业技能培养以及备考研究生和应聘技能测试和技巧训练等，就要举办更多与专业密切相关的特色活动，比如临床操作技能大赛，实验室技能比赛等。除此之外，还有党建党课、党团活动、思想政治理论课等专门教育也不停歇地同时进行。

总之，辅导员要帮助学生设计活动，根据社会需要，按照培养方案邀请相应的专家、学者提供技术支持，莅临某些学术现场为同学们现场指导，要做到这些成绩每个环节都不可能让互联网缺席。

结语

辅导员为大学生思想政治教育发挥久久为功的作用

不驰于空想，不骛于虚声，辅导员工作亟须加快和完善专业化、职业化的建设，以习近平新时代中国特色社会主义思想作为指导，在教育实践中应用我党对马克思主义理论中国化的最新研究成果，在原有经验和学科系统的基础上，博取众家之长，根据实际工作的需要，不断丰富思想政治教育的理论结构，不断补充多学科理论知识，产生更多的理论并使之与实践相结合，由浅入深，从单一到复杂，一步一个脚印，教育和帮助大学生有效地解决更多的现实问题，总结和完善辅导员工作的专业技术路线，淡泊名利，克服困难，深入学生第一线，全面指导他们的思想、学习和生活，为人类教育文明贡献中国智慧和中国方案。

辅导员常在为重，久久为功！

参考文献

［1］习近平. 习近平谈治国理政［M］. 北京：外文出版社，2014.

［2］希波克拉底. 希波克拉底誓言：警戒人类的古希腊职业道德圣典［M］. 綦彦臣，译. 北京：世界图书出版公司，2004.

［3］张伯源. 变态心理学［M］. 北京：北京大学出版社，2005（6）.

［4］文丹凤. 同一性风格对大三学生职业决策过程的影响［J］. 鲁东大学学报（哲学社会科学版），2018，35（05）.

［5］江楠楠，李晓文，顾海根. 大学生同一性风格问卷的编制［J］. 中国心理卫生杂志，2019，33（01）.

［6］金鑫. 浅析高校辅导员在大学生职业生涯规划教育中的作用［J］. 知识经济，2018（08）.

［7］刘振东. 司马懿形象流变研究［D］. 锦州：渤海大学，2016.

［8］党评文. 全力培养社会主义建设者和接班人［J］. 学校党

建与思想教育，2018（22）.

[9] 黄悦勤. 中国精神障碍流行病学研究回顾及展望［A］. 中华预防医学会. 第七次全国流行病学学术会议暨中华预防医学会流行病学分会、中华医学会中华流行病学杂志编辑委员会第七届换届会议论文集［C］. 中华预防医学会：中华预防医学会，2014.

[10] 任晓慧，刘志襄，孙红伟. 医学生抑郁状态的调查［J］. 哈尔滨医科大学学报，2013，47（05）.

[11] 陈璐. 探析文化情感类节目《朗读者》的成功之道［J］. 传媒论坛，2018，1（14）.

[12] 李锐. 教师资格国考背景下，师范生职业情感素质的培养［J］. 教书育人（高教论坛），2018（18）.

[13] 张涤凡. 美育的教育目的［J］. 教育现代化，2018，5（42）.

[14] 吕晓曼. 论大学生思想政治教育与心理健康教育的结合［J］. 学周刊，2019（09）.

[15] 佘双好. 从说理教育到心理疏导——思想政治教育方法的发展［J］. 思想理论教育导刊，2011（07）.

[16] 王燕. 在心理咨询中提升社会性别意识［A］. 社会性别与发展在中国：回顾与展望［C］. 陕西省社会科学界联合会，2002.

[17] 约翰·圣达洛克. 心理调适. 高等教育出版社：北京，2008.

[18] 罗爱武. 行为主义政治学为何主张"价值中立"？——一

种基于哲学视角的解释［J］．中共南京市委党校学报，2015（3）．

［19］陈刚．行为主义政治学的"价值中立"观述评［J］．探索，2003（2）．

［20］王燕．十九世纪西方人视野中的《三国演义》——以郭实腊的《三国志评论》为中心［J］．中国文化研究，2016（04）．

［21］于淼漪，黄家璐，彭薪羽．浅析大学生先进典型的传播绩效和育人绩效评价［J］．科技资讯，2018，16（25）．

［22］赵磊．市场经济能自动实现均衡吗？——基于马克思主义政治经济学的逻辑［J］．西部论坛，2019（02）．

［23］董勇艳．情感教育心理学在高校思想政治教育教学中的有效应用［J］．科学咨询（教育科研），2018（08）．

［24］吕戈．电影《雪葬》中的集体情感［N］．甘肃日报，2018－05－15（009）．